현장에서 바로 써먹는

비즈니스 영어
생존 대화법

현장에서 바로 써먹는

비즈니스 영어
생존 대화법

이세훈(마이클 리) 지음

중앙경제평론사

이제껏 수많은 이들이 취업 전선에서, 혹은 업무에서 영어에 대한 부담감으로 좌절하는 것을 목격해왔다. 바이어들과 비즈니스 대화를 해야 한다는 부담감이 그들을 출근 전 이른 새벽, 퇴근 후 늦은 밤 영어 회화 학원으로 이끌었다. 부담감을 느낀 나머지 심지어 퇴사까지도 불사한다.

업무의 시작인 언어부터 어렵다 보니 그들은 일상생활 내내 가슴에 큰 돌덩어리가 내려앉은 것 같다고도 말한다.

이 책의 필자인 마 차장(참고로 해외영업을 할 때는 한국 이름을 그대로 쓸 수도 있고, 상대편이 더 쉽게 기억하고 발음할 수 있도록 흔한 영어 이름을 쓸 수도 있다. 필자는 필자의 영어 이름인 마이클의 '마'를 따 '마 차장'이라 불린다.)은 17년간 대기업에서 근무하고 외국계 아시아 헤드로 옮긴 사람이다.

영어는 필자의 모국어가 아니다. 필자는 토종 한국인이면서 그 누구보다 영어가 두려웠던 사람이다. 물론 지금도 두렵긴 마찬가지다. 하지만 지금 필자는 회사에서 해외 출장을 밥 먹듯이 다니고 있다. 회사에서 해외 영업 마케팅 강사와 B2B(기업간 거래) 영업의 기본 온라인 강사 활동을 하게 될 줄도 몰랐다. 그동안 필자가 체득한 노하우를 활용하면 전혀 막힘이 없다.

지난 17년간 동료들이 필자에게 묻는 질문은 단 한 가지였다.

"외국 고객과 영어로 업무를 진행할 때 특별한 팁이 있나요?"

그럴 때마다 그간의 경험을 이야기해주던 것을 한 권의 책으로 엮었다. 회의를 진행할 때, 비즈니스 식사를 할 때, 전화를 할 때 등 무수한 상황에서 직접 몸으로 부딪히며 해결해나간 요점만을 모았다.

영어는 완벽함이 아니다. 명확함이다. 대한민국에서 태어나 평생토록 모국어인 한국어 하나도 완벽하게 마스터하지 못하는데 외국어인 영어는 오죽하겠는가?

영어는 상황에 맞는 명확함이다. 요령은 단순하다. 내 업무와 상황에 맞는 영어를 중심으로 섭취해나가면 된다. 우리의 목표는 원어민이 되는 것이 아니라 업무에서 비즈니스 영어를 원활하게 사용하는 것이다.

부디 이 책이 영어의 부담감에 허덕이는 수많은 이들에게 단비 같은 존재가 되길 바란다.

이세훈

Contents

이론편

Chapter 1

영어를 해야만 하는 나만의 동기를 찾아서

Chapter 4

실전편

영어가 일상이 되는 방법

Chapter 5

실전편

영어가 쉬워지는 마법의 요령

실전편

Chapter 6

현업용 실전 영어 끝장내기

"나는 왜 영어 회화가 필요할까?"

동기부여를 다짐하는 질문이다. 여러분 각자의 답은 무엇인가?

Q. 나를 위해서? 남을 위해서?	**Q.** 외국 거래처 고객과 상담하기 위해서?
Q. 외국 거래처 고객 앞에서 발표를 해야 해서?	**Q.** 외국 고객과 영어로 협상을 해야 해서?

Q.

진급시험에
점수가 필요해서?

Q.

해외 주재원으로
나가기 위해서?

Q.

취업을 위한
영어 면접에 필요해서?

Q.

외국 고객에게 식사 접대를
할 때 침묵이 어색해서?

Chapter 1

영어를 해야만 하는
나만의 동기를 찾아서

동기가 제일 중요하다.

동기가 없으면 작심삼일에 불과하다.

살 빼는 다이어트만 동기가 필요한가?

강력한 동기가 있어야만 살을 뺄 수 있듯이

영어 공부도 강력한 동기가 필요하다.

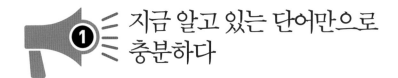

지금 알고 있는 단어만으로 충분하다

처음 보는 사람과 대화하는 것은 어색하고 불편하다. 하물며 그 사람이 외국인이라면? 아마 더 어색하고 힘들 것이다. 게다가 많은 사람들이 지켜보고 있는 상황에서 영어로 얘기해야 한다면 혹시나 잘못 말할까 봐, 실수할까 봐 걱정이 될 수도 있다. 어쩌면 '쪽팔릴까 봐'가 맞을지도 모르겠다.

지금껏 수많은 영어 면접을 진행하면서 다양한 면접자들을 만났다. 면접이 끝나고 합격한 사람들이 공통적으로 하는 말이 '모른다고 답변하기가 어려웠다.'였다. 사실 생각나는 대로 답한다고 해서 합격하는 것도 아니고, 답을 하지 않는다고 해서 불합격의 요인이 되는 것도 아니다. 면접관 입장에서는 실력의 차이가 크지 않다면 자신감 있는 사람을 먼저 선택하기 때문이다.

모르면 모른다고 당당하게 말하는 것이 중요하다. 예를 들어, 낯선 동네에 갔을 때 누군가가 길을 물어오면 당연히 '모른다'고 당당히 이야기하지 않나? 그 대답은 의식하지 않은 대답이다.

처음 자전거를 배울 때를 생각해보자. 넘어질까 봐 무서워서, 남이 쳐다보는 것이 부끄러워서 타보려고 시도조차 하지 않는다면 절대 자전거를 배울 수 없다. '넘어질 수도 있지, 넘어져야 대수겠어?' 하고 남을 의식하지 않고 타는 수밖에 없다. '창피할 수도 있지.' 하고 대범하게 넘겨버리고, 몇 번 실전을 겪다 보면 마침내 '별거 아니구나.' 하고 알게 되는, 즉 '몇 번의 경험'을 하는 게 꼭 필요하다.

영어 공부도 마찬가지다. 부족한 부분이 있으면 부족한 대로, 모르면 모른다고 사실대로 얘기한다. 모르는 걸 솔직하게 인정하는 것이다. 부족하다고 생각되는 부분을 100% 완벽하게 하면 될 것 같지만, 그건 또 아니다. 그쯤 되면 부족해 보이는 부분이 다시 생기기 마련이다.

영어가 100% 완벽해지는 순간은 이번 생에 오지 않는다. 이런 마인드가 중요하다. 이런 마인드만 있다면, 우리는 지금 가진 것만으로도 충분히 바로 영어로 말할 수 있다.

왜 충분히 말할 수 있을까? 그 이유는 매우 단순하다. 우리가 업무를 함에 있어 꼭 필요한 단어는 고작 1,500개 정도이기 때문이다. 더 놀라운 사실은 우리가 이 단어들을 중고등학교 6년 동안 거의 배웠다는 사실이다. 이 정도면 충분하다. 다만 자신감이 부족할 뿐이다. 여러분은 충분히 바로 영어로 대화할 수 있다. 마 차장만 믿어라!

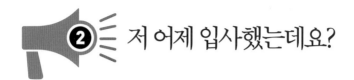

❷ 저 어제 입사했는데요?

만약 여러분이 어제 입사했는데 해외로 발령이 난다면? 그것도 지금 당장 말이다. 무엇보다 가장 걱정되는 것은 의사소통이다. 정말 영어로 업무를 할 수 있을까? 고급영어만 해야 하는 건 아닐까?

마 차장이 해줄 대답은 "아니요."다. 여러분은 고급영어 회화가 필요하지 않다. 오히려 실제 업무에 바로 쓸 수 있는 쉬운 말들이 더 필요하다. 혹시 여러분들 중 토익점수가 900점 이상 나온 사람이 있는가? 만일 그렇다면 이후 영어 회화를 자유자재로 구사할 수 있게 되었는가? 아마 거의 없을 것이다. 단 유학파는 제외하고 보자.

해외파견 대상자에게 필요한 것은 첫째, 말하기, 즉 적절한 순간에 내 생각을 알기 쉬운 단어로 말할 수 있는 능력이 필요하다. 둘째는 상대의 생각을 이해하기 위해서 대화의 목적을 이해하는 것이 필요하다. 즉 상대의 말이 질문인지 혹은 답변인지, 단순 의견인지, 제안인지 등을 판단하는 것이다. 첫째의 말하는 목적은 '상대에게 내 생각을 전달'하는 것이고, 둘째의 듣는 목적은 '상대의 생각을 내가 이해'하는 것이다. 즉 단어로 말하든 문장으로 말하든, 문법이 틀리든 맞든 결국 말하는 목적과 듣는 목적을 달성하는 것이 영어 말하기인 것이다.

말하기의 목적은 서로의 생각을 이해하는 것이다. 상대방의 생각 또는 의도를 이해하지 않고서 내 생각만 전달하거나 또는 나만의 생각대로 해석해버린다면 해외의 고객과 업무를 할 수 없다. 나를 전달하고, 상대를 이해하는 것이 최우선의 목적이다. 따라서 먼저 필요한 것은, 고급영어가 아닌 쉬운 단어로 된 '일상회화'인 것이다. 일상회화가 어느 정도 가능해진 후 여력이 있으면 그때 '고급영어'에 도전한다.

이 책의 부록에 고급영어를 학습하는 데 도움이 될 만한 추천도서를 수록했으니 참고하면 좋겠다. 나중에 어느 정도 실력이 붙으면 그때는 서점에 있는 어떤 종류의 '고급영어' 책을 고르더라도 도움이 될 것이다. 그러니 지금은 일상회화에 대해서만 집중하도록 하자.

해외 주재원의 자격 요건으로는 영어 말고도 여러 가지 항목이 있다. 따라서 영어가 유창하다는 것은 필수조건은 아니며, 그것 하나만으로 반드시 선발되는 것도 아니다. 그러나 영어가 약하다면 선발되지 않을 충분한 사유가 된다. 과락이 되는 바로 그 결격사유가 되는 것이다. 하지만 여기서 얘기하는 영어는 고급영어가 아니다. 다시 말해 일상회화 정도 가능한 실력이라면 주재원 선발 시, 영어라는 결격사유에 걸려서 떨어지는 일은 없다는 것이다.

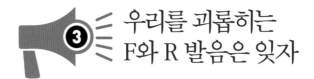

우리를 괴롭히는
F와 R 발음은 잊자

영어는 우리의 모국어가 아니다. 지금 정도만 해도 당신은 충분히 훌륭하다. 그러니 F와 R, 그리고 Z 발음에 대해 이제 그만 이야기하자. 지겹다. 발음 걱정을 잊고, 대화를 주고받는 것에 집중하자. 이번 내용은 특히 F와 R 발음이 잘 안 돼서 곤란한 분들에게 유용하다.

F는 '에프' 대신 '에흐'로 읽는다.('에프'보다는 차라리 '에흐'가 낫다.) 예를 들어보자. F와 P의 경우, F는 '에흐'로 읽고, P는 '피'로 읽는다. 단어로 예를 들면, fish는 '휘시'로 읽는다.

L과 R의 경우, L은 '을엘'로 읽고, R의 경우, 알파벳에서는 '아-ㄹ'로 단어에서는 '롸'로 읽는다. 예를 들어, 영화〈라이온 킹〉(The Lion King)의 lion은 '을라이언'으로 읽는다. 반면 영화〈라이언 일병 구하기〉(Saving Private Ryan)의 Ryan은 '롸이언'으로 읽는다. 사람 이름 Romeo는 '롸미오'로 읽는다. 마찬가지로 rice는 '롸이스'로 읽는다. 다른 예를 보자.

finish는 '휘니시'로 읽는다.('피니시'(p 발음)로 읽지 않는다.)

find는 '화인드'로 읽는다.('파인드'(p 발음)로 읽지 않는다.)

for는 '훠'로 읽는다.('포'(p 발음)로 읽지 않는다.)

그래도 발음이 모호할 경우, 단어를 말하고 알파벳 철자를 다음과 같이 말한다. 미국 군대, 경찰에서도 쓰는 것인데, 일반인들도 전화 통화를 할 때 등에서 철자를 혼동하지 않으려고 종종 사용한다.

예를 들어 "내 이름은 벤이에요."를 전화로 말할 때, "My name is Ben."(마이 네임 이즈 벤)이라고 말했더니, 상대방이 알파벳 b인지 v인지를 묻는다. 그럴 때, "B as bravo."(비 애즈 브라보, 브라보의 비(b)라는 뜻)라고 하면 상대방이 오해 없이 잘 알아들을 수 있다.

알파벳 발음을 오해 없이 말하는 법은 다음과 같다.

A **alpha**(알파) A인지 E인지 헷갈릴 때, 'A as alpha.'(에이 애즈 알파)라고 읽음.

B **bravo**(브라보) B인지 V인지 헷갈릴 때, 'B as bravo.'(비 애즈 브라보)라고 읽음.

C **Charlie**(찰리) 'C as Charlie.'(씨 애즈 찰리)라고 읽음.

D **delta**(델타) 'D as delta.'(디 애즈 델타)라고 읽음.

E **echo**(에코) 'E as echo.'(이 애즈 에코)라고 읽음.

F **five**(화이브) 'F as five.'(에흐 애즈 화이브)라고 읽음.

G **golf**(골프) 'G as golf.'(쥐 애즈 골프)라고 읽음.

H hotel(호텔) 'H as hotel.'(에이치 애즈 호텔)이라고 읽음.

I India(인디아) 'I as India.'(아이 애즈 인디아)라고 읽음.

J Juliet(줄리엣) 'J as Juliet.'(제이 애즈 줄리엣)이라고 읽음.

K kilo(킬로) 'K as kilo.'(케이 애즈 킬로)라고 읽음.

L lion(을라이언) 'L as lion.'(을엘 애즈 을라이언)이라고 읽음.

M Mike(마이크) 'M as Mike.'(엠 애즈 마이크)라고 읽음.

N November(노벰버) 'N as November.'(엔 애즈 노벰버)라고 읽음.

O Oscar(오스카) 'O as Oscar.'(오 애즈 오스카)라고 읽음.

P papa(파파) 'P as papa.'(피 애즈 파파)라고 읽음.

Q queen(퀸) 'Q as queen.'(큐 애즈 퀸)이라고 읽음.

R Romeo(롸미오) 'R as Romeo.'(아-ㄹ 애즈 롸미오)라고 읽음.

S Sierra(씨에라) 'S as Sierra.'(에쓰 애즈 씨에라)라고 읽음.

T tango(탱고) 'T as tango.'(티 애즈 탱고)라고 읽음.

U uniform(유니호움) 'U as uniform.'(유 애즈 유니호움)이라고 읽음.

V victor(뷕터) 'V as victor.'(뷔 애즈 뷕터)라고 읽음.

W whiskey(위스키) 'W as whiskey.'(더블유 애즈 위스키)라고 읽음.

X X-ray(엑스레이) 'X as X-ray.'(엑스 애즈 엑스레이)라고 읽음.

Y yellow(옐로우) 'Y as yellow.'(와이 애즈 옐로우)라고 읽음.

Z zebra(지브라) 'Z as zebra.'(지 애즈 지브라)라고 읽음.

이 외의 발음은 우리가 알고 있는 바와 같이 그대로 하면 된다. 모국어도 아닌데 외국어 발음을 완벽하게 하려고 신경 쓰다 보면 부담감만 늘어나고, 오히려 영어 말하기를 중도 포기하게 하는 역효과마저 생긴다.

노력과 스트레스에 비해 발음이 개선되지 않는 것 같다면 차라리 자신이 지금 말하고 있는 발음대로 얘기해도 충분하다.

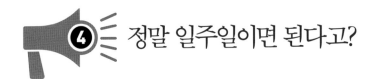

정말 일주일이면 된다고?

하루, 일주일, 아니면 한 달? 영어를 공부할 때 충분한 시간은 과연 어느 정도일까? 물론 보통은 시간을 많이 투입하면 시간 투입 대비 성과가 높을 수밖에 없다. 하지만 정말 다급하다면 마 차장은 일주일만 집중하길 권한다.

이 일주일은 자신의 마음을 확신하는 데 필요한 최소한의 시간이다. 일주일 동안 다음 계획표에서 언급하는 책(기본 영어에 해당하는 중학교 영단어 책 한 권, 영어 문장 책 한 권)을 빠르게 통독한다. 빠르게 다 읽는 것이 중요하다. 정독이 아닌 통독만 하면 된다.

다급할 때 일주일만 실행하는 구체적인 계획표를 한번 보자.

1일 차 지금 보는 이 책은 페이지를 빠르게 넘기며 다 읽는다.

2일 차 《그림으로 외우는 생생 영단어》(이지훈, 그리고책) 또는 《한번만 봐도 기억에 남는 테마별 영어회화&단어 2300》(이화승, 비타민북)을 마찬가지로 통독한다.

3일 차 《영어는 뻔한 패턴의 반복이다》(Mr. Sun·오유리, 씨앤톡)를 통독한다.

4~7일 차 위 3권 중에서, 본인이 관심 있는 부분을 다시 통독한다.

만일 7일 이후에 영어 문장들을 더 접하고 싶다면 《English 900 Vol.1》(Edwin T. Cornelius, YBM)을 통독한다.

긴 시간은 아니어도, 하루 한 시간씩, 일주일에 7시간만이라도 실행한다.

관건은 독자들마다 자신에게 맞는 'how(어떻게)'를 찾는 것이다. 우선 일주일만 해본다. 만일 앞에서 제시한 '다급할 때 하는 일주일 실행계획표'도 부담스럽다면 다음과 같이 더 단순하게 실행해보자.

단 이때 무엇보다 중요한 것은 '연속해서 한 시간, 연속해서 일주일'을 실행하는 것이다.

첫째, 하루 한 시간씩, 일주일 동안! 이 한 시간은 하루 세 끼 식사 후, 네 번째 식사를 하는 셈 친다. 꼭 하자는 얘기다. 시기를 정해놓고 한다. 예를 들면, 출근 전(아침 일찍 일어나서), 저녁에 집에 도착해서 쉬기 전 등이다. 시간을 확보할 수 있도록 가족에게도 미리 양해를 구하자.

둘째, 단어책 하나만 통독하기! 《그림으로 외우는 생생 영단어》또는 《한번만 봐도 기억에 남는 테마별 영어회화&단어 2300》단어책을 추천한다. 단, 한글을 보고 영어로 말한다. 영어를 보고 한글로 말하는 것은 도움이 안 된다.

통독의 목적에 맞도록 한 권 전체를 읽어내야 한다. 목적은 책의 단어를 익숙하게 하고, 필요할 때 입에서 바로 나오게 하는 것이다.

셋째, 일주일간 통독에 성공했다면 2주 차에 도전하자! 그 후로는 3주와 4주를 실행한다.

2주 차부터는 일주일 중 앞의 3일 동안은《생생 영단어》로 하루에 3단어씩만, 자신에게 꼭 필요하다고 생각하는 단어를 고른다. 통독했으니 자신에게 필요한 단어를 고를 수 있다. 일주일 중 뒤의 4일 동안은《영어는 뻔한 패턴의 반복이다》를 소리 내어 읽는다. 자신이 좋아하는 문장을 차례에서 보고 고른 후 하루에 3문장씩만 읽는다.

이렇게 4주가 지나면 마 차장이 본 내용은 약 180개가 된다.(3단어와 3문장×30일) 회사나 학교를 다니면서 별도의 시간을 활용하는 것치곤 결코 적은 양이 아니다.

만일 여러분이 단 일주일도 시간을 할애하기가 어렵다면 어쩔 수 없다. 딱 1일 차만 3일간 반복해도 어떻게(how) 연습해야 하는지를 느끼기에는 충분하다.

여기서 서로 잠깐만 솔직해져야 한다. 여러분이 이만큼도 시간을 할애할 의향이 없다면, 이 책의 내용은 여러분에게 도움이 안 될 것이다. 당연하다. 이 책은 새로운 것을 얘기하는 책이 아니다. 여러분이 그동안 익혀서 이미 알고 있는 내용을 어떻게 하면 지치지 않으면서, 지루하지 않게 반복할 수 있는지 그 실행 방법에 초점을 두었다. 습관적으로 반복만 하면 재미가 사라지고 지속해서 할 수 없기 때문이다.

서점에 가면 저마다의 경험을 토대로 쓴 영어 회화 책들이 무척 많다. 어느 책을 고르더라도 책들마다 나름대로 바로 활용할 수 있는 내용들을 담고 있으니, 그 책에서도 여러분이 원하는 것을 찾을 수 있을 것이다.

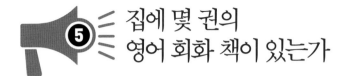

집에 몇 권의 영어 회화 책이 있는가

우리는 수많은 다이어트 방법들을 알고 있다. 하지만 알고 있다고 해서 살이 저절로 빠지지는 않는다는 것 또한 사실이다. 이러한 다이어트 방법들의 공통점은 '식사 조절과 규칙적인 운동'이다.

'짧은 시간에 빠르게 통독하기'도 다이어트와 공통점이 있다. 마 차장은 종종 다이어트와 영어 회화를 비유해서 설명하곤 했다. 살을 빼기 위해 몸을 단련하는 방향은 우선 '기초체력 확보', 그리고 '유연성 향상', 마지막으로 '지구력 향상'의 3가지다. 영어 회화를 준비하는 방향도 이와 비슷하다. 즉, 영어 기초단어 확보가 기초체력 확보이고, 영어 패턴문장 개수를 늘리는 것(영어 회화를 할 때 대화의 순발력이 는다.) 이 유연성 향상이고, 10초 대화하고 끝나는 것이 아니라 5분, 10분 이상 대화하도록 하는 것이 지구력 향상과 같다.

그렇다면 무엇을 보고 들으며, 어떻게 하는 것이 과연 효과적일까? 마 차장도 보통의 회사원이다. 항상 시간이 부족하고 피곤한 회사원이다. 얼마 없는 짤막한 시간을 활용해 효과를 극대화하고 싶은 건 어느 회사원이나 마찬가지일 것이다. 대부분 주위에 물어보고 인터넷으로 검색해서 유명하다는 학원이나 교재를 고르면 도움이 되고, 조금이나마 나아지지 않을까 하는 기대를 갖는다.

그런데 문제가 있다. 서점에 가서 교재를 고르려니 그 종류도 너무 많고 수준도 교재마다 각기 다르다. 고르기도 전에 지친다. 마 차장도 고르기가 쉽지 않았다. 영어 회화 책 한 권 사러 갔다가 고르는 데 지쳐서 다음으로 미루거나 여러 권을 함께 사기도 했다. 책을 읽고 내용을 익히는 데 시간을 써야 하는데, 책 고르다가 질려버리는 것이다.

다들 집에 영어 회화 관련 책들이 몇 권쯤은 있을 것이다. 집에 있는 영어 교재들을 꺼내서 유형별로 구분해보자. 영어 회화 책을 많이 보다보면 대체로 책의 유형이 3가지로 구분된다는 것을 알 수 있다. 첫 번째는 생활 단어나 업계 단어처럼 단어에 관한 책이고, 두 번째는 패턴이나 숙어 같은 문장(또는 문법)에 관한 책이고, 세 번째는 여러 대화 주제에 관한 책이다. 예를 들면 다음과 같이 구분할 수 있겠다.

《그림으로 외우는 생생 영단어》	이지훈, 그리고책	영단어
《한 번만 봐도 기억에 남는 테마별 영어회화&단어 2300》	이화승, 비타민북	영단어
《영어는 뻔한 패턴의 반복이다》	Mr. Sun · 오유미, 씨앤톡	영문장
《악마는 프라다를 입는다》 《제리 맥과이어》 《노트북》	스크린영어사	대화 주제

다시 짚어보면 회사원이 해외 영업에서 필요한 영어 회화는 예를 들어, 초등학생이 "밥 맛있게 먹었어?"라거나 "오늘 학교식당에서 재밌었어!"와 같은 얘기를 할 줄 안다고 되는 것이 아니다. 맥도널드에서 영어로 햄버거 주문하는 그런 것보다는(물론 이것도 쉽지 않다고 생각하던 때도 있었지만) 회사에서 고객과의 회의에서 말할 수 있는 수준의 회화가 필요하다. 회사원이 고객과의 회의에서 상황에 맞는 대화를 할 수 있는 수준에 도달하는 데 필요한 3가지는 바로 기본 단어, 기본 문장, 대화 주제이다.

단 한 권만으로 영어가 되는 기적은 없다.

알고 있는 사실이지만 그렇다고 영어 공부를 안 할 수는 없다. 짧은 시간에 집중적이면서 효율적으로 할 필요가 있다. 그래서 중요도로 순서를 정해야 한다. 1순위는 한국어 단어, 2순위 영어 단어, 3순위 문장, 그리고 4순위 대화 주제가 된다. 왜 순위가 이렇게 되는지 간단한 예를 보자.

마 차장 옆집에는 멘사 뺨치는 영특한 초등학생 김초등 군이 살고 있다. 어찌나 영특한지 어른인 마 차장도 얘기하다 보면 말문이 막힐 정도다. 하지만 김초등 군이 아무리 영특하다 해도 상법 3조 2항 어쩌고 하는 전문 법률 용어로 고객과 계약 상담하는 것이 가능할까?

아마 어려울 것이다. 즉 한국말로도 이해하지 못하거나 상황에 맞게 설명하지 못하는 내용이라면 영어로도 당연히 설명하지 못한다. 따라서 무언가를 영어로 말하기에 앞서 우선 그것을 한국어 단어로 알고 있어야 하는 것이 1순위가 된다.

그렇다면 어떤 영어 단어를 익혀야 하는가? 우선 3가지로 구분한다. 첫째, 내 주변에서 보이는 것들(물건, 장소, 사람), 즉 일일 단어다. 정말 단순한 단어들로, 책만으로도 습득 가능하다. 자신의 하루 일과의 동선에서 눈에 들어오는 사람, 동물, 사물 등의 이름을 지칭하는 단어가 이에 해당된다.

둘째, 내가 속한 업계에서만 쓰는 단어인 업계 단어다. 즉 본인 회사의 산업군에서 주로 사용하는 단어들을 말한다. 업계가 제조업(선박, 전자기기, 반도체 등)이냐 서비스업이냐 그 성격에 따라서 주로 사용하는 단어가 다르다. 따라서 자신의 업계에서 쓰는 단어들은 사전을 찾아가면서 익혀둬야 한다.

셋째, 시사 단어(교양어, 상식어)다. 신문이나 TV, 인터넷 기사를 보면 등장하는 단어들이다. 일반적으로 자주 쓰여서 알고 있어야 하는 단어지만, 영어가 비모국어인 사람 입장에서는 가장 부담스러운 단어다. 뉴스와 신문 헤드라인의 단어들이 주로 해당된다. 따라서 최소한 헤드라인 메시지의 단어만이라도 눈에 익히자.

《몸값을 올리는 직장인 영어 테크닉》(고이케 나오미, 이비톡) 책이나 '코리아 헤럴드' 홈페이지, 'CNN International' 홈페이지를 추천한다. 헤드라인이 한국의 신문들과 같은 내용이어서 생각보다 쉽게 뜻을 유추할 수 있다. 모바일 웹 주소는 다음과 같다.

코리아 헤럴드 ▶m.koreaherald.com　　CNN International ▶edition.cnn.com

　　그렇다면 문장은 어떤 문장을 접하면 좋을까? 우선 자신의 한국어 말투를 문장으로 만드는 것이 좋다. 자신의 한국어 말투와 영어 말투를 연습하는 팁은 다음과 같다. 첫째, 자신이 습관적으로 쓰는 한국어 말투가 무엇인지 인지해야 한다. 사람들은 모두 자기만의 말 습관이 있다. 예를 들어, 습관적으로 "방금 설명드린 바와 같이"라는 한국어를 자주 쓴다면, 이를 인지한 후에 둘째, 앞에서 나온 자신의 말 습관에 해당하는 영어를 적어두고, 소리 내어 말하면서 연습해둬야 한다.

　　구체적으로 이렇게 하는 것이다. 첫째, 나에게는 '방금 설명드린 바와 같이'라는 말 습관이 있다. 둘째, 이 말이 영어로는 곧 'As I just explained'이므로, 이를 적어두고 소리 내어 말하면서 연습한다. 이렇게 하면 영어로 말하는 도중에 '방금 설명드린 바와 같이'를 말하고 싶을 때, 평소 연습해두었던 'As I just explained'가 자연스럽게 나오면서 대화를 부드럽게 이어갈 수 있다.

　　여기서 중요한 것은 본인이 습관적으로 자주 사용하거나, 본인이 보통 많이 쓰는 한국말 표현 방식(말투, 즉 직선적으로 말하는 유형이거나 돌려 말하는 유형, 또는 질문을 많이 하거나 강한 단정적인 표현을 많이 쓰거나 등)을 영어 단어와 문장으로 만들어보는 연습을 꼭 해야 한다는 것이다. 일례로, 직선적으로 말하는 유형은 "네가 해."(You do it.)라고 말하고, 돌려 말하는 유형은 "네가 해주면 좋을 것 같다."(If you do it, that would be good.)라고 말하는 것이 있다.

셋째, 영어로 시사 단어들(인터넷 뉴스나 기내의 영자신문에서 보이는 요즘 단어들)을 연습한다. 대화를 시작할 때, 한국어 말투로 '오늘 아침 신문에서 봤는데' 또는 '지난주 신문에서 봤는데' 등으로 시작하는 패턴을 영어로 익혀서 사용하면 좋다.

예를 들면, 한국 말투로 '며칠 전에 한 기사를 봤는데'는 "I read(레드) an article a few days ago."로 익혀둔다. 추가 팁으로 영어 회의가 있는 날이나 출장 때는 비행기에서 그날의 영자신문 헤드라인을 미리 익혀두면 대화할 최신 화젯거리를 얻을 수 있다.

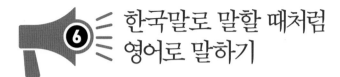

한국말로 말할 때처럼 영어로 말하기

마 차장도 한국에서 자라면서 영어를 배웠다. 초중고는 물론 대학교까지 모두 한국에서 다녔다. 종종 얘기하는 이른바 토종 학습 경로인데, 시행착오를 겪으면서 시간도 많이 걸렸고, 요령을 얻는 데도 오래 걸렸다. 굳이 '요령'이라고 쓴 이유가 있다. 공부가 시험점수를 잘 받는 데 필요하다면, 요령은 실제 회화를 하는 데 필요하기 때문이다.

지금까지 17년간 해외 영업을 하면서 "사내에서 영어 회화 잘하는 방법이 있습니까?"라는 포괄적인 질문을 많이 받았다. 그때마다 마 차장은 좋아하는 영화 한 편을 여러 번 반복해서 보는 방법을 추천했다. 그런데 문제는 같은 영화를 여러 번 반복해서 보려는 사람들이 별로 없었다는 것이다. 아마도 마 차장에게만 통한 방법인지도 모르겠다.

영어 회화 잘하는 방법을 묻는 사람들은 대부분 원어민처럼 말할 수 있는 방법을 찾고 있었다. 즉 모국어 사용자처럼 말하는 법인데, 솔직히 이건 정말 어렵다. 마 차장도 그런 방법이 있다면 정말 좋을 것 같다.

하지만 그런 방법은 없다고 생각한 마 차장에게 그나마 통했던 방법이 '내가 한국말을 말하는 방식과 스타일대로 영어로 말하는 것'이었다.

다시 말하자면 외국인인 우리가 영어를 모국어처럼 말하는 법을 찾는 대신(물론 그런 방법을 찾지 못했기 때문이지만) 마 차장은 주어진 현실 안에서 생각할 수 있는 내용들을 가지고 영어로 말하는 법을 찾았다. 어차피 대화 상대편도 내 모국어는 영어가 아닌 것을 아니까 어느 정도 이해해준다.

영어를 모국어처럼 말하려고 애쓰기보다는 편하게 한국말로 얘기할 때와 같은 나만의 대화 스타일로 말한다. 당연히 대화 주제도 평소 자주 접하는 날씨, 운동 경기, 경제, 실업, 세금 같은 것들을 택한다. 단 '종교와 정치 얘기는 하지 마라'는 글을 본 적이 있다. 매우 공감 가는 말이다. 종교와 정치 얘기만 피해도 외국인과의 대화가 갑자기 얼어붙는 재앙은 피할 수 있다.

요점은 '쉽게 할 수 있는 나만의 한국어 대화 방식을 그대로 쓰자'다.

외국어를 모국어처럼 말하기도 어려울뿐더러, 그렇게 된다고 해도 너무 많은 시간이 걸린다. 가뜩이나 직장을 다니느라 바쁜데 그런 방법을 찾느라 쓸데없이 시간을 낭비하지 말자. 우리는 동시통역사나 교수를 하려는 것이 아니고, 단지 회사 업무에 활용할 수 있는 영어가 필요할 뿐이다.

참고로 이건 많은 분들이 해당되기 때문에 위안이 되기도 하지만, 이 부분만 개선해도 다른 사람들보다 신속하게 우위를 얻을 수 있다. 바로 한국말로도 대화를 잘 못하는 경우다.

이런 분들에게는 영어 단어를 모르거나, 발음이 좋지 않다는 것은 나중 문제다. 모국어인 한국말로도 매끄러운 대화를 하기 어려운 사람이 과연 다른 나라 말로 대화를 잘할 수 있을까? 한마디로 어렵다.

우선은 적어도 우리나라 신문이나 잡지를 보면서 대화거리를 만들어야 하고, 말꼬리 잡는 부정적인 대화나 논쟁이 아니라 긍정적으로 대화할 수 있어야 한다. 영어 단어나 발음의 문제가 아니라 먼저 상대방의 얘기를 듣고 이에 공감하며 대화를 부드럽게 이어나가는 방법을 터득하는 것이 중요하다.

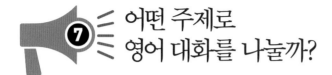

어떤 주제로 영어 대화를 나눌까?

주말에 친구를 만나면 매우 편하고 즐겁다. 아마도 대화의 흐름은 이러할 것이다. 만나자마자 잘 지내냐는 가벼운 인사를 한다. 요새 뭐하고 어떻게 지내냐며 간단히 안부를 묻고, 흥미로운 주제가 있으면 그 내용에 대해서 더 자세히 이것저것 서로 물어본다. 그리고 차를 마시거나 식사를 하고 나면, 아쉽다고 하면서 다음에 또 보자는 약속 아닌 약속을 한 뒤, "잘 가! 잘 지내! 또 봐!"라고 마무리 인사를 하며 헤어진다.

매우 보편적인 대화의 흐름이지만, 돌이켜보면 우리가 영어로 이렇게 대화를 전개한 경험은 아마도 거의 없을 것이다. 대부분 짧은 대화의 단편적인 경험이 반복된다. 아마도 "저는 마 차장이에요, 만나서 반가워요. 오늘 날씨가 좋아요."까지 말하고 나면, 할 말이 별로 없어서 계속 하하 호호 웃기만 한다. 한국말로도 영어로도 대화를 이어가지 못하기 때문이다.

마 차장도 길게 얘기하게 되는 상황에 처할 때마다 어색했었다. 그럴 때마다 '다음에는 이렇게 대화해야지.' 하고 생각해두고 대화하는 법을 미리 연습했다. 그건 바로 내가 하고 싶은 얘기로 대화를 시작하여 그 대화를 이끌어나가고 마무리하는 것이다.

상대가 모를 수 있는 화제여도 괜찮다. 요점은 그렇게 하면서 공통의 화제를 찾아가는 연습을 하는 것이다. 다양하고 넓은 범위의 주제에 대해 잘 알거나 또는 적어도 그전에 한 번이라도 생각해봤던 내용이어야만 화제로 선택할 수 있다.

짧은 영어 실력으로 대화를 하려고 하니 처음에는 내가 아는 범위 안에서만 겨우 띄엄띄엄 말하는 정도였다. 다른 주제는 단어도 모르겠고, 하고 싶은 말도 없어서 아예 시도조차 못했다. 그런 상황을 여러 번 겪으면서 '다음번에는 이렇게 얘기해야지.' 하고 연습했다.

그러다가 생각했던 대로 시작부터 끝까지 대화가 이어지는 경우가 있다. 짧은 대화지만 끊어지지 않고 부드럽게 연결되는 경우다. 그 한 번의 경험이 마 차장에게 자신감을 줬다. 이렇게 하면서 조금씩 영어 대화 스킬이 늘어간다는 것을 확신한 것이다.

그리고 취미가 '봤던 영화 다시 보기'인 마 차장은 여러 편의 영화를 보고, 거기에서 나온 영화 주제를 대화의 재료로 사용했다. 덕분에 따로 대화할 내용을 찾으려는 수고를 덜 수 있었다. 영화는 드라마, 코미디, 로맨스 장르가 대화 주제로 삼기 제일 좋다. 액션이나 SF의 내용은 고객과 대화하기에는 쉽지 않은 내용이다. 과격하고 다소 추상적인 내용이 많기 때문이다.

한편 각자의 다양한 취미를 영어를 배우는 데 활용하면 공부하는 것처럼 힘이 들지 않는다. 좋아하는 팝송이나, 게임, 소설, 만화책, 애니메이션(좋은 디즈니 만화 영화도 많다.) 등에서 단어 한 개, 문장 한 개씩이라도 얻을 수 있다면 좋다.

자신감을 갖는 대화에 필요한 것은 대화할 주제를 많이 갖고 있는 것이다. 거래 관계로 만남이 이루어지는 해외 영업의 경우, 유용한 것이 영자신문의 헤드라인만이라도 읽어보고 만나는 것이다. 따로 시간을 내서 읽는 것도 좋고, 출장 가는 비행기나 차 안에서 짧은 시간을 활용해서 읽는 것도 좋다. 시사, 경제, 스포츠, 날씨, 그리고 속보 등의 최신 내용을 대화 주제로 얻을 수 있고, 방금 본 것이라 기억에 잘 남아서 고객을 만났을 때 바로 얘기할 수 있다.

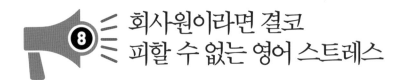

회사원이라면 결코
피할 수 없는 영어 스트레스

영어를 유난히 중요하게 생각하는 대한민국에서 사는 한 영어에 대한 스트레스는 평생을 가도 없어지지 않을 것이다. 마 차장도 해외 영업을 하면서 당연히 스트레스를 받곤 한다. 언제부터인지 몰라도 해외 영업 담당자뿐만 아니라 국내 영업 담당자까지도 영어 때문에 답답하다고 한다. 심지어 주위에서는 이렇게 말한다. "영어는 당연하고, 제2외국어도 할 줄 알아야 한다."

너무한 거 아닌가? 영어 회화 걱정만 해도 머리가 터질 것 같은데 말이다. 하지만 마 차장이라고 별다른 방법이 있을까? 없으니까 그냥 받아들이고, 어떻게 하면 영어 걱정을 덜 할 수 있을지 생각했다. 당분간 영어 없는 세상이 올 것 같지는 않기 때문이다.

**영어 스트레스는 신입사원뿐만 아니라 대리, 과장, 차장, 부장,
그리고 심지어 임원까지도 모두 받는다.**

단지 스트레스를 받는 이유가 조금씩 다를 뿐이다. 신입사원 혹은 대리라면, 토익점수도 어느 정도 받았고, 회화도 어느 정도 한다고 스스로 평가한다. 그런데 막상 실무에 투입되면 회화는 좀 되는 것 같은데 회의 진행과 후속 조치가 매끄럽지 않다. 입이 잘 떨어지지도 않거니와 높은 취업문을 통과해서 입사했는데 잘 못한다는 얘기를 들으면 자존심도 상하고, 눈치도 보인다. 이런 상황을 받아들이기가 좀처럼 쉽지 않다.

만일 과장 혹은 차장이라면 답답함이 좀 더 심화되어 나타난다. 프로젝트를 담당하게 됐는데, 외국 거래선들과 회화를 마음처럼 못하니 걱정이다. 게다가 실무도 같이 해야 하니까 시간 부족에 허덕거린다. 가족과 시간도 보내야 해서 영어 회화에 따로 시간을 내기가 어렵다. 한마디로 진퇴양난이다. 만약 진급 조건에 필요한 토익점수를 당장 다시 받아야 하는 경우라면 더욱 끔찍해진다.

부장급 이상이나 임원이라면 승진에도 영향을 미치게 되는데, 마음속의 다급함은 말로 다 할 수가 없다. 드러내놓고 말하기는 더욱더 난처하다. 마침 해외파견이라도 내정된 경우라면, 조금 과장하면 공포심마저 들 정도다. 모국어로도 쉽지 않은 해외법인의 조직운영을 영어로 해야 하기 때문이다.

어떻게 보면 모든 직급의 회사원들이 걱정하고 스트레스를 받는다. 그렇다고 마음으로만 걱정하고 있다면 해결되지 않는다. 걱정의 실체를 직시해야 한다. 그리고 나서는 오히려 심리적으로 걱정이 덜하다.

마 차장도 피할 수 없는 영어 스트레스가 있다는 걸 알았다. 이 스트레스는 결코 저절로 없어지지는 않는다. 그렇다면 모른 척하고 그냥 내 버려둔 채 매일매일을 고통스럽게 지낼 것인가, 아니면 어떻게든 개선할 방법을 찾을 것인가.

마 차장은 매일매일의 고통이 싫었다. 그래서 서점에 가서 도움이 될 만한 영어 회화 책을 몇 권 샀다. 모두 완벽하게 읽었다기보다는 사서 모았다는 편이 오히려 맞겠다.

책을 사면 마치 그 내용이 바로 마 차장 것이 될 것처럼 일시적으로 걱정이 줄었다. 그 책들 속에는 독자들에게 전하는 공통의 메시지가 있었다. 그건 바로 '영어로 스트레스를 받으면 조금이라도 더 연습해서 스트레스를 줄여보자', '한국 사람이 이 정도만 하면 절대 못하는 것이 아니다. 창피할 것 없다', '틀려도 자신 있게 말해라' 등이었다.

마 차장은 이 말들을 믿기로 했다. 신기하게도 믿는 것만으로 마음 속 스트레스가 조금 줄어들었다. '못하겠어.'라는 부정적인 생각을 버리고 '그래도 이 정도면 괜찮으니까 좀 더 연습하자.'라며 긍정적으로 생각한 결과인 듯하다.

'어떻게(how)' 연습할 것인지 연습 방법도 연구했다. 실무에 필요한 영어 스트레스의 원인은 발음, 유창함, 내용, 문법이다. 스트레스를 한 번에 모두 없앨 수는 없으니, 하기 쉬운 것과 하기 어려운 것으로 나눠서 우선순위를 정했다. 1) 유창함, 2) 내용의 명확함, 3) 발음(이건 신경 쓰지 말자고 마음먹었다.), 4) 문법(최소한 인칭과 시제만 맞춘다.)이었다. 게다가 유창함이 늘면 나머지가 약해도 덜 부각된다. 동시에 다 하기 어려우니 가장 먼저 유창함에 집중하기로 했다.

그렇다면 영어를 유창하게 하기 위해서는 어떻게 해야 할까? 우선 한국어 단어를 명사든 동사든 형용사든 대충 알고 있다고 생각하는 영어 단어로 말해보는 것이다. 완전한 영어 문장이 아니어도 된다. 그저 한국어 단어를 보고 영어로 말하면 된다. 반대로 영어 단어를 보고 한국어로 말하는 건 도움이 되지 않는다. 왜냐하면 전부 아는 단어 같아서 대충 넘어가게 되고, 실제 고객과의 만남에서는 입안에서 맴돌 뿐 입 밖으로 나오지 않기 때문이다. 여기에 도움되는 책이 2권 있다.

《한 번만 봐도 기억에 남는 테마별 영어회화&단어 2300》　이화승, 비타민북
《그림으로 외우는 생생 영단어》　이지훈, 그리고책

2권 모두 단어 옆에 그림이 있어서 일상 주변에 있는 물건들의 이름을 빠르게 통독하는 데 좋다. 꼭 영어를 가린 채 한국말을 보고 영어로 단어를 말하면서 연습해야 한다.

이론편

Chapter 2

영어의 불편함을
없애는 요령

회사에서 영어 회화가 불편한 이유는 사람마다 다르지만,

공통된 이유도 분명히 있다.

비즈니스에서 요구되는 대화 방법이 불편한 경우다.

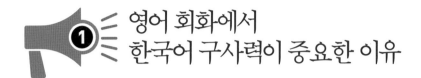

영어 회화에서 한국어 구사력이 중요한 이유

영어 회화 시험점수가 높든 아니든 영어가 모국어가 아닌 사람에게 영어가 불편한 것은 당연하다. 불편함을 완전히 없앨 수는 없지만 어느 정도 줄일 수 있는 요령은 있다.

다소 의아하다고 생각할지도 모르겠지만 마 차장이 영어 회화를 가르친 사람들 중에서 영어의 불편함을 빠르게 줄였던 사람들은 한국어로 잘 설명하는 사람들이었다. 다시 말해 그들은 자신이 영어로 하고 싶은 말을 한국어로 정확하게 표현한다는 것이다.

반면 영어의 불편함을 잘 줄이지 못했던 사람들은 그저 막연하게 영어를 잘하고 싶어 하거나 유창하게 말할 수 있는 빠른 방법이 있는지와 같은 질문을 했었다. 영어로 말하는 것은 당연히 더 어렵다. 즉 한국말로 들어도(리스닝) 이해 못한 내용이라면 영어로 들어도 잘 모른다.

예를 들어보자. 마 차장이 아파서 병원에 갔는데 의사가 진찰 결과를 심혈관계 이상 소견, 부정맥 등 이런저런 전문의학용어를 들어 얘기한다. 이런 전문적인 단어들은 한국말이지만 의사가 다시 풀어서 설명해주지 않으면 한국 사람인 마 차장도 어렴풋이 짐작만 할 뿐 100% 이해하지 못한다.

법원에서 판사가 법률문을 읽을 때도 마찬가지다. 피고, 원고, 불구속 기소, 영장 실질 심사 등 마 차장이 아는 단어도 있고 모르는 단어도 있다. 또 만일 경제학 박사가 마 차장에게 경제수학의 풀이를 설명한다면? 한국어로 얘기해도 처음에는 100% 이해하지 못하고, 분명히 "다시 말씀해주세요." 하게 될 것이다. 여러 번 듣다 보면, '아마 이런 뜻일 거야.' 하고 짐작 정도는 하지만 상세한 설명이 추가로 필요하다. 한국어인데도 한 번에 100% 알아듣는 리스닝이 안 되는 것이다.

정리해서 말하면, 영어로 회화를 하려는 내용은 당연히 한국어로도 알고 있어야 한다. 그래야 번역이든 통역이든 대화든 할 수 있다. 한국어로도 모르는 건, 영어로도 모르는 것이다. 너무나 당연한 사실이다. 영어 단어나 문장을 알고 모르는 것은 그다음 문제다. 마 차장도, 회사 동료들도, 모두 영어를 못해서 그렇다고 줄곧 생각했다. 하지만 아니었다.

한국말로도 대화할 줄 모르기 때문에 영어로도 대화하지 못했다.

이제 혼동하지 말자. 한국말로도 대화 못하는 것을 마치 영어를 못해서 못하는 것처럼 핑계도 대지 말자. 한국어로 하는 대화를 이끌어가는 실력이 좋아야 영어로 대화할 때 곤란함이 줄어든다. 따라서 한국말로도 대화할 수 있는 주제, 다시 말해 대화거리를 만들어야 한다.

영어의 불편함을 없애는 요령

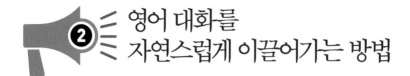

영어 대화를
자연스럽게 이끌어가는 방법

고객을 처음 만나면 어색함에 대화를 시작하기가 어렵게 마련이다. 자주 만나는 사람도 아닌데, 어색할 수밖에 없는 것은 당연하다. 마 차장은 이런 경우가 자주 반복되어서 이럴 때를 대비하는 방법으로 무슨 대화를 할지 미리 정형화해두었다.

예를 들어서, '식사'와 같은 일상적인 얘기부터 시작해서, 축구, 야구, 올림픽 같은 스포츠 얘기, 최근 경제뉴스 등으로 대화를 진전시키고, 관련 분야 전반의 산업 얘기를 하고, 마지막으로 회의와 직접 관련된 주제로 좁혀가는 것으로 대화의 흐름을 정해뒀다.

개인적인 얘기를 넣을지 말지는 선택하면 된다. 하지만 상대가 언급하지 않으면 굳이 계속해서 캐묻지는 말자. 이럴 땐 더 묻지 않고 부드럽게 다른 질문으로 넘어간다. 마 차장의 경우, 개인의 사생활에 대해서는 상대방이 묻기 전에는 먼저 묻지 않았다.

날씨, 운동 경기는 좋은 얘깃거리다.
단 정치랑 종교 얘기는 하지 말자! 논쟁을 피하려면!

이를 토대로 마 차장은 다음과 같이 대화를 좀 더 세부적으로 나누어서 정했다.

시작
일상 이야기로 시작해서,

서로 소개하고 인사하고,

회의 참석에 대해 감사 표시를 한다.

본회의
간략하게 회사를 소개한다. 그리고 방금 소개한 내용에 관해 질문이 있는지 물어보고,

질문을 할 때, 서로가 이 회의에서 기대하는 것이 무엇인지(회의 목적)를 다시 얘기한다.

그다음에 자사의 제품(또는 제안)을 소개한다.

요약
- 본회의 부분을 발표하고 나면, 상대의 반응과 질문을 받는다.(이 과정이 매우 중요하다. 나만 얘기하고 끝내면 상호 대화가 아니다. 우리측만의 일

방적인 전달은 안 된다.)

- 이를 요청사항과 일정으로 요약 정리해서 마 차장이 다시 얘기한다. 다음 할 일 목록을 기재해서 눈으로 직접 볼 수 있도록 그 자리에서 요약하는 것이 제일 좋다.(고객이 원한다면 고객이 요약 정리해도 상관없다.)

본회의 부분과 요약 부분은 대부분 정해져 있기 때문에 진행하는 것이 상대적으로 쉽지만 시작 부분이 쉽지 않다. 제일 어색하기 때문이다. 게다가 시작을 부드럽게 하는 것이 이어지는 회의의 흐름에 중요한 영향을 미치기 때문에 더욱 부담스럽다.

다음은 마 차장이 출장을 가거나 고객이 출장을 왔을 때, 대화의 시작에서 주로 사용했던 주제들이다. 여러분들이 그동안 사용했던 내용과 비교해보고 연습용으로 사용하면 좋겠다.

출장 교통편에 대한 이야기(비행은 어땠는지, 택시나 버스가 막히거나 편했는지 등)

날씨 이야기(우리 쪽 또는 상대 쪽 날씨)

출장을 가면서(또는 오면서) 보게 된 신기하고 특이한 일들

이러한 주제들로 대화를 시작하는 것으로 정해둔다. 그렇게 시작한 다음, 정해진 본회의 부분과 이를 요약하는 부분을 진행하면 전체 대화

를 이끌어갈 수 있다. 회의 대화를 하면서, 부분 부분마다 그리고 중간 중간에 혹시 듣는 쪽에서 질문은 없는지 꼭 물어보면서 진행해야 한다.

이렇게 하면 상대방도 (회의 내용에 흥미가 떨어지더라도) 회의에 계속 참여하게 되어, 하고 싶은 얘기만 하고 끝나는 일방적인 회의가 되지 않게끔 할 수 있다. 다음은 대화 시에 활용하기 좋은 예이다.

- 다음 후속 회의 일정이 괜찮습니까?

    Would the next meeting date be OK with you?

- 다음 약속에는 누가 참석하나요?

    Who joins the next meeting?

- 회의 중에 확실하지 않은 단어가 있습니까?(대강 알고 넘어가는 것이 나중에 더 문제가 되므로 양측이 정의를 확인하는 것이다.)

    Are there any terms you're not sure of?

- (제품 소개 중) 어느 부분이 좋은가요? 아니면 좋지 않은가요?

    Which part do you like it or not?

덧붙이자면 마 차장이 사람을 만나면 시작과 끝에 제일 많이 쓰는 인사말은 다음 2가지다. 매우 쉽지만 뜻이 아주 다르니 잘 구분해서 써줘야 한다. "(처음) 만나서 반갑습니다."는 "Nice to meet you."이고, 나중에 헤어질 때 "(처음) 만나서 반가웠습니다."는 "Nice meeting you."로 구분해야 한다.

－처음 만난 사람과 (처음) 인사할 때

It is nice to meet you, I'm 마 차장.(만나서 반갑습니다. 마 차장입니다.)

－대화가 끝나고 헤어지는 인사를 할 때

It was nice meeting you.(만나서 반가웠습니다.)

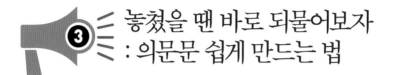

놓쳤을 땐 바로 되물어보자
: 의문문 쉽게 만드는 법

영어 회화는 탁구를 치는 것과 같다고 한다. 어떤 때는 대화가 빠르게 오가고, 어떤 때는 느리다. 하지만 대화가 끊이지 않고 계속 오간다. 잘 치면 좋고, 못 치더라도 탁구공을 집어서 신속하게 상대방에게 계속 넘겨줘야 한다. 영어로 질문하는 것도 탁구공을 넘겨주는 것과 같다. 마 차장도 내용을 못 알아듣거나 놓쳤거나 아예 이해하지 못하면 탁구공을 놓쳐버렸다고 생각하기로 했다. 대신 마 차장은 못 알아들으면 다시 물어보기로 했다.

'이건 대화니까 실수하면 안 되는 프레젠테이션과는 다르다', '지금 덜 창피하려고 아는 척하고 넘어가면, 문제가 더 커질 것이다.'라고 마음먹고 질문해야 한다.

처음에는 질문도 쉽지 않다. 대체로 한국말로도 질문하는 습관이 들지 않아서이거나 혹은 연습이 적어서다. 놓친 것을 곧바로 묻지 않고 나중에 다시 물으려고 하면 질문을 제대로 하기 어렵다. 질문을 하더라도 너무 짧거나 길게 묻게 된다. 적어도 상대방이 질문을 이해할 수 있도록

'제대로 질문하려면' 놓쳤을 때 바로 되물어보자.

제대로 된 질문은 과거, 현재, 미래 같은 동사의 시제와 나, 그, 우리, 그들 같은 인칭만 일치시켜도 해결된다. 의문문의 형태만 제대로 갖춰도 듣는 상대방은 혼동하지 않고 대화를 계속할 수 있다.

그렇다면 어떻게 하면 의문문을 잘 만들 수 있을까? 여러 책들에서 나온 의문문 예시들을 토대로 2가지 특징을 찾았다.

첫째, 누구나 알고 있는 쉬운 육하원칙(5W1H) 의문사로 질문한다.

둘째, 원형동사로 질문한다.

우선 인칭, 시제의 일치는 마 차장의 수준에서는 조금 무시하기로 했다. 인칭, 시제를 틀리더라도 질문의 형태를 갖추는 것에 좀 더 집중하려 했던 것이다. 육하원칙 의문사는 각각 누가, 언제, 어디서, 무엇을, 어떻게, 왜이다. 우리가 이미 알고 있는 영어 단어 who, when, where, what, how, 그리고 why이다.

다음은 원형동사로 하는 질문의 예시다. 일부러 의문사를 넣거나 빼고 만든 문장이다.

- 의문사 없을 때

Can you do that?(그거 할 수 있어?)

- 의문사 있을 때

How do you get it?(그거 어떻게 얻어?)

When will you be there?(언제 거기 있을 거야?)

다음은 모두 의문사가 없는 의문문이다.

Will she come?(그녀가 올까?)

Will he meet her?(그가 그녀를 만날까?)

Will they do it?(그들이 그걸 할까?)

마 차장은 이 2가지만 선택해서 우선 집중했다. 문법적으로 더 정확하게 말하는 건 레벨이 더 올라가면 그때 가서 생각하기로 했다.

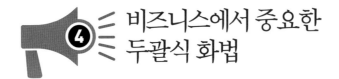

④ 비즈니스에서 중요한 두괄식 화법

영어는 앞부분에 나오는 것이 중요하고, 강조되는 언어이다. 때론 직설적으로 물어봐서 당황하게 만드는 때도 있다. 예를 들어, 누군가에게 돈을 빌린다고 해보자. 이럴 땐 바로 "Lend me money."(나 돈 빌려줘.)라거나 "Can you lend me money?"(나 돈 좀 빌려줄 수 있어?)라고 말한다.

만일 한국 사람이라면 무작정 돈을 빌려달라고 말하기에 앞서서 상대방의 경제적인 상황을 파악한 뒤 돈을 빌려달라고 했을 것이다. 직설적이지 않게 묻는 경우도 있지만, 그건 레벨이 더 올라간 후에 생각하자. 먼저 우리는 지금 당장 회화하는 방법에 집중해야 한다.

한국어는 영어와 달리 마지막까지 들어봐야 안다고 했다. 한국어는 무엇무엇 해서, 그래서, 저래서, 마지막에 끝말에 가서는,

1) '그러므로 하기로 했다.'라고 긍정적으로 끝날 수도 있고,

2) '그러나 안 하기로 했다.'라고 하면서 그 반대로 끝날 수도 있다.

그러면 영어를 보자.

1) Can you do that when you have time?(할 수 있어 그거? 너 시간 있

을 때?)

영어는 '할 수 있어 그거?'라고 직접적으로 바로 묻는다. 이게 일반적으로 말할 때 순서다.

2) When you have time, can you do that?(너 시간 있을 때, 그거 할 수 있어?)처럼 먼저 '너 시간 있을 때'라고 말문을 열고, 그 후에 질문을 한다. 한국어 순서와 같다.

마 차장도 2)번의 대화가 편하다. 하지만 비즈니스를 할 때는 1)번처럼 직접적으로 질문하는 법을 알고서 의도적으로 사용할 줄 아는 것이 더 중요하다. 상대방에게 더 신속하고 분명하게 내 뜻을 전달할 수 있기 때문이다.

이제 다시 정리해보자. 위의 영어 예시 1)번처럼 말하는 것은 어렵지 않다. 한국어 문장의 순서를 1)번처럼 바꿔주기만 하면 된다. 그게 전부다.

"너 시간 있을 때 그거 할 수 있어?"라고 하기보다는 "할 수 있어 그거? 너 시간 있을 때?"처럼 영어로 말해보자.

아마도 여러분은 중고등학교 때 주절, 종속절에 대해 배운 기억이 있을 것이다. 문법책에서 말하던 그게 바로 이것이다. 그러니까 우리는 주절을 먼저 말하고, 종속절은 뒤에 말하면 되는 것이다. 아예 종속절을 빼도 된다. 주절만 얘기해도 내 뜻은 이미 전달된다.

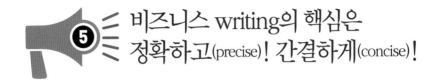

비즈니스 writing의 핵심은 정확하고(precise)! 간결하게(concise)!

시중에는 이메일이나 문서 작성에 관한 도서들이 다양하다. 때문에 어떤 것을 참고하여 쓸지 결정하기 어렵다. 이럴 때는 책에 나온 예시 내용들은 말 그대로 참고만 하고, 오직 '나 자신만의 기준'을 갖고 쓰기 시작한다. 수많은 표현 중에서 어떤 것을 쓸지 고민하는 것부터 없애는 것이다. 내가 쓴 내용을 상대방에게 오해 없이 이해시키는 것만 고려한다.

또한 이러한 업무용 쓰기를 할 때는 완벽(고급 단어, 고급 표현, 시제, 문법에 맞게끔 쓰는 것)에 대한 환상을 버려야 한다. 어떤 글도 완벽할 수는 없다. 좋은 이메일이나 글은 목적에 부합하는 것이다. 즉 비즈니스 writing이라는 목적에 맞아야 한다. 완벽하지 않은 문장이라도 내 생각이 상대방에게 전달됐다면 목적은 충분히 달성한 것이다.

비즈니스 writing(업무용 쓰기)에서는 무엇보다 정확하고(precise) 간결한(concise) 것이 생명이다. 그만큼 중요하다는 말이다. 하지만 1) 정확하게 쓴다고 너무 길어지거나, 2) 간결하게 쓴다고 너무 짧아진다면 어느 경우든 모두 좋지 않다. 그럼에도 불구하고 굳이 말하자면 1)이 2)보다는 낫다고 할 수 있다. 정말로 어쩔 수 없이 길게 써야 하는 경우도 있게 마련이다. 1)의 경우는, 문장이 좀 길어도 상세하게 적었기 때문에 무슨 뜻인지 알 수 있는 가능성이 더 높다. 그러나 2)의 경우처럼 간결하게 쓰다가 너무 짧아져서 무슨 뜻인지 모르게 되는 경우는 피해야 한다.

보다 자세한 설명을 위해서 극단적인 이메일의 예시를 한번 보자.(단 실제로 이렇게 써서는 안 된다.)

구매자(Buyer) :

Dear Seller,

Your offer price is too high. Please cut the price half.

Thank you,

Michael

판매자 귀중

제안 가격이 너무 비쌉니다. 절반 가격으로 깎아주세요.

감사합니다.

마이클

이에 대한 판매자의 회신은 다음과 같다.

판매자(Seller) :

Dear Buyer,

No, it is not expensive.

We don't cut the price half. Offer price is the same.

Thank you,

Tom

구매자 귀중

아니요, 비싸지 않습니다.

가격을 절반으로 깎지 않습니다. 제안 가격은 같습니다.

감사합니다.

톰

요청하는 내용은 명확하고 표현도 간결하다. 사업상의 예의를 고려하지 않는다면 사용해도 좋겠다. 하지만 이런 이메일을 주고받으면 서로 기분이 상해서 더는 거래하고 싶지 않게 될 것이다. 명확함과 간결함은 살리면서 동시에 사업상의 예의를 고려하는 정도의 길이로 표현하는 것이 필요하다. 따라서 다음과 같은 정도로 수정하면 좋다.

구매자(Buyer) :

Dear Seller,

Thank you for your offer.

We feel that your offer price is too high. Can you cut the price half, please?

We look forward to having business with you.

Thank you,

Michael

판매자 귀중

제안에 감사합니다.

제안 가격이 너무 비싸게 느껴집니다. 가격을 절반으로 할 수 있는지요?

저희는 귀하와 사업하기를 고대합니다.

감사합니다.

마이클

이에 대한 판매자의 회신은 다음과 같을 것이다.

판매자(Seller) :

Dear Buyer,

Well received your reply that you feel the price is expensive.

As we can not offer a low price at this moment, we are afraid that our offer price is the same.

We also look forward to having business with you next time.

Thank you,

Tom

구매자 귀중

가격이 비싸다고 하신 답신 잘 받았습니다.

지금은 낮은 가격을 제안할 수가 없기 때문에, 유감스럽게도 제안 가격은 같습니다.

다음번에는 귀하와 함께 사업하기를 고대하겠습니다.

감사합니다.

톰

두 이메일 예시의 내용은 동일하게 '가격이 비싸므로 낮춰달라는 것'과, 그에 대한 답신으로 '비싸다고 생각하는 것은 알겠지만 인하 가격으로 줄 수는 없다'는 것이다. 하지만 두 번째 이메일이 내용도 명확하면서 상대방에게 예의를 표하는 것을 알 수 있다.

그렇다면 마 차장 정도의 영어 회화 수준에서는 어떻게 정확하고 간결하게 쓸 수 있을까? 앞의 예문들을 보면 2가지 경우 모두 원형동사와 형용사만을 사용했다. 즉 어느 경우든지 제일 쉬운 형태의 원형동사만으로 적는 것이다. 원형 이외의 단어들은 실력이 올라갈 때까지 우선 미루어두자. 다음은 이 연습에 도움이 되는 책이다.

《영어는 뻔한 패턴의 반복이다》, Mr. Sun · 오유미, 씨앤톡

이 책은 자주 사용되는 문장을 사전식으로 만들어서 필요한 부분만 골라 쓰기에 좋다. 원형동사로 되어 있는 표현들 중에서 내가 적고 싶은 내용을 고른 뒤 혼자서 먼저 써보고 혼자서 말하면서 연습한다. 또한 복잡한 시제나 문법 같은 것들을 이미 해결해놓아 '내가 적고 싶은 내용'에 집중할 수 있다.

원형동사와 형용사만으로 표현하는 것이 쉽다고 얘기하긴 했지만 무턱대고 쉽다는 것은 아니다. 의지가 필요하다. 연습은 책이 대신해줄 수 없는 부분이다. 하루에 한 장씩이라도 꼭 연습하게끔 하는 강력한 동기를 만들어내야 한다.

연습할 때는 무조건 책에 나온 순서대로 하지 말고 각자 필요한 문장을 찾아서 연습한다.

이론편

Chapter 3

직장을 다니면서
터득하는 영어 요령

대충 알고 있는 건 상황이 닥치면 영어로 말 못할 가능성 100%다.

한글로 대충 아는 건 그냥 모르는 거라고 생각하자.

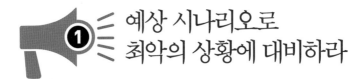

예상 시나리오로
최악의 상황에 대비하라

영어 회화가 거북한 이유는 모든 상황에 다 들어맞는 영어를 미리 알고 있을 수는 없기 때문이다. 백 가지, 천 가지 질문을 미리 다 만들어서 연습할 수 있는 방법도 없다. 하지만 회사 업무는 가정을 통해서 어느 정도 미리 대비할 수 있다.

마 차장이 사용한 방법은 시나리오별로 미리 연습하기였다. 마 차장이 소화할 수 있는 정도의 시나리오 3가지를 만들고, 미리 한국말로 간단히 적는다. 3가지를 초과하면 무리다. 회사 일을 병행하면서 하기에는 준비할 시간도, 능력도 부족하기 때문이다.

한국말로 3가지 시나리오를 적은 다음 이걸 영어로 바꾸는데, 우선 중요한 키워드만 적는다. 영어로 바꾸는 순서는 3가지 경우(최선안, 중간안, 최악안) 중 최선안이 제일 쉽다고 가정하고 최선안의 키워드를 먼저 적는다. 그리고 나서 남은 2가지 시나리오(중간안, 최악안)의 키워드를 적는다.

이제 마 차장에게는 본인의 생각을 넣은 6개의 글이 생겼다. 즉 한국

64

어로 적은 최선안, 중간안, 최악안 3개와 영어로는 키워드를 적은 3개안이다. 고객과 영어로 회의를 하려면 먼저 회의 내용을 한국말로도 할 줄알아야 하는데, 3가지 상황을 가정해 미리 준비한 것이다.

영어를 잘해야 한다는 걱정이 있겠지만 걱정만 해서는 상황을 헤치고 나아갈 수 없다. 정해진 특정한 안건에 대해서는, 미리 준비만 잘하면영어를 잘 못하더라도 충분히 회의를 진행할 수 있다.

이는 마 차장도 B2B 해외 영업에서 해외 고객들과 일하면서 배운 것이다. 초기에는 고객과의 영어 회의를 준비할 때, 우리 입장에서 하고 싶은 얘기만 무작정 하려는 경우가 많았다. 미리 다양한 시나리오를 충분히 생각해보지 못한 것이다.

생각을 일일이 영어로 표현하긴 어려우니, 본인이 할 수 있는 말이라도 먼저 하게 된다. 상황이 이렇게 되면 상대방은 대화라고 생각하지않는다. 일방적으로 우리가 하려는 말만 하고 있다고 생각하는 것이다.

하지만 미리 시나리오를 만들어보면 최소한 3가지 이야기를 할 수있고, 실제 고객과의 회의에서 답을 못하는 경우가 거의 없어질 것이다. 만일 준비했던 3가지를 벗어나 다른 얘기가 전개될 경우는, 검토할 시간을 몇 월 며칠까지 요청하고 다시 준비해서 회의하는 방법을 쓰면 된다. 고객도 여러 가지를 준비해오지만 준비되지 않은 부분은 마찬가지로 오히려 우리에게 시간을 요청한다.

해외의 여러 고객과 일을 하다 보면 100% 분명한 일들만 항상 있는것이 아니다. 이때 경험이 몇 년간 쌓인 과장이나 대리의 경우 어느 정도 예측이 가능하지만, 신입이나 일반 사원들은 예측이 어렵다. 따라서 '불확실한 일은 100% 일어난다'라는 마음가짐을 갖는 것이 차라리 낫겠다. 회피하려고 하면 고객과 상담을 진행하기가 더욱 어렵다. 어떠한 내용으로도 대화하기 어려운 상황들이 생긴다. 때론 회사의 방침이 100% 정리되지 못한 경우도 많은데 방침이 정해지기 전까지는 회의장에서 그어떤 답변도 주기가 어렵다.

하물며 영어로는 더 말할 필요도 없이 어렵다. 그 상황에서 담당자는 큰 부담을 느끼게 된다. 정해진 것을 명확하게 말하는 것도 쉽지 않을 텐데 심지어 정해지지도 않은 것을 명확하게 말해야 하니 더욱 당황하거나 자신감을 잃게 된다.

만약 해외 거래처가 그 불명확한 것에 대해 직접적으로 질문하기라도 하면 담당자는 더욱 당황하게 되고, 상급자와 함께 참석한 회의라면 부담감이 백배는 더 된다. 머릿속은 이미 공황 상태로 평소의 실력은커녕, 질문이 무엇인지도 잘 들어오지 않게 된다. 회의에 참석한 사람들 모두가 나만 쳐다보는 것 같고, 그냥 어떻게든 그 회의를 빨리 끝내고 벗어나고 싶을 뿐이다.

이 책을 읽고 있는 여러분도 대체로 이와 같은 상황을 겪어보셨을 거라고 생각한다. 지금 다시 그 생각을 하는 것만으로도 가슴이 무겁고 답답해질 정도다.

마 차장은 이를 해결하려고 3가지 경우의 시나리오를 한국말로 먼저 준비하고, 다시 이를 영어로 준비했다. 그저 막연하게 걱정과 두려움이 있다면 이를 없애는 방법은 내용을 미리 준비해두는 것이다. 완벽하지 않아도 상관없다. 영어는 내 의사를 전달하기 위한 표현 수단일 뿐이다.

전달하려면 우선 전달할 내용이 있어야 한다. 그런데 만일 전달할 내용(예를 들면, 회사에서 100% 정한 방침)이 한국말로 준비되어 있지 않으면, 영어 회화를 잘하든 못하든 말할 내용이 없는 것이다. 그러므로 전달할 내용을 미리 시나리오로 준비하는 것이다. 그중에서도 최악의 경우를 가정한 시나리오 준비가 제일 필요하다. 만일 회사 내부 방침이 추가로 필요한 경우라면 해외 고객에게 회사 내부 방향을 정리할 시간을 달라고 양해를 구한 뒤 추가 회의 날짜를 요청하면 된다.

영어 실력과는 무관하게 말할 내용이 없거나 부족하면 본인의 실력을 제대로 발휘할 수 없다. 물론 전달이 잘되면 그걸로 충분하다. 발음, 문법 때문에 회의가 안 된다고 하기 전에 전달할 내용부터 갖고 있어야 하는 것이 더 중요하다.

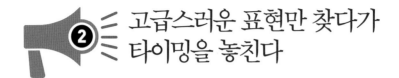

고급스러운 표현만 찾다가 타이밍을 놓친다

내 생각을 영어로 말할 때는 되도록 쉬운 단어와 표현을 쓰도록 한다. 이것이 지금 우리에게 가장 필요한 우선 과제다. 우리는 종종, 어쩌면 생각보다 매우 자주, 그리고 거의 모든 상황에서 고급스러운 멋진 영어 표현을 찾다가 대화 타이밍을 놓치곤 한다. 한국에서 나고 자랐음에도 불구하고 고급영어를 하지 않으면 안 된다고 스스로 족쇄를 채우는 것이다.

다소 극단적이긴 하지만 아기가 처음 말을 배울 때처럼 회화를 생각하는 편이 현재 실력에서 바로 말하는 요령을 체득하는 방법이다. 어려운 단어와 표현은 중요하지 않다. 아기가 말을 배울 때는 유아어부터 배운다. 전 세계 어느 언어든지 마찬가지다. 유아어(아기 단어, 아기 문장)여야만 아기들이 쉽게 익숙해지기 때문이다. 그 후 조금씩 점차적으로 복잡한 단어, 문장을 구사하게 된다.

다만 성인들은 흥미를 잃어버리지 않으려고 유아어보다는 내용이 있는 영어 기사나 소설, 팝송 가사를 많이 읽는 경우가 있다. 유아어는 단

어 자체가 쉬운 것(예 : 맘마, 까까)과 내용이 쉬운 것(예 : 먹고, 자고, 노는 것)
이 있는데 내용의 난이도가 너무 낮은 유아어는 오히려 흥미를 떨어트
릴 수도 있다.

　학원에서 자신에게 맞는 단계의 독해력 강좌를 수강하는 것도 좋은
방법이다. 어느 방법이든 주의 깊게 염두에 두어야 하는 것은 영어 실력
은 '단계적으로, 계단식으로' 향상된다는 점이다. 언어는 갑자기 수직으
로나 우상향하는 곡선으로 급격하게 향상되는 것이 아니라 계단식으로
현재 단계의 임계점까지 도달해야 다음 단계로 넘어간다는 사실을 반
드시 기억하자.

　해외든 한국이든 상황은 같다. 초등학교 → 중학교 → 고등학교 → 대
학교 → 대학원의 순서로 사용하는 단어와 문장이 달라진다. 단계가 올
라갈수록 더 복잡하고 어려운 문장으로 변한다.

　그리고 사회에 나오면 본인이 종사하는 산업군에서 많이 쓰는 단어
와 문장을 접하게 된다. 물론 학교에서 배운 것과 겹치는 부분도 있지
만 겹치지 않는 새로운 부분도 있다. 이때 영어 실력이 부족한 상태에서
주위의 시선을 의식해서 무조건 고급 어휘와 표현을 쓰려고 하면 무리
가 오는 것이다.

　최악은 알고 있는 것도 잘 활용하지 못하는 경우다. 어떻게든 운은 뗐
는데, 그다음에 맺음을 이상하게 해서 대화를 망치는 것이다.

　예를 들어, 다소 과장해서 표현해보면 다음과 같다.

　"친애하는 내빈 여러분, 공사다망한 와중에도 친히 내방해주셔서 감

사의 말씀을 드립니다." 하고 고급스럽게 운을 떼고, 갑자기 이어서 "여기 온 아저씨, 아줌마, 그리고 친구들, 할 얘기를 빨리 말할게요. 와줘서 정말 고마워요."라고 하는 격이다.

고급 표현을 쓰려고 노력하는 것이 결코 나쁜 것은 아니다. 다만 고급 표현을 구사하려고 너무 애를 쓴 나머지 오히려 '회화를 하는 데 방해'가 될 수도 있어 언급하는 것이다. 고급 표현이 아니면 잘 말하려고 하지 않다 보니, 이미 알고 있는 '쉬운 단어'로 쉽게 말할 수 있어도 말하지 않게 된다. 결국 본인의 평소 실력만큼도 대화에 제대로 활용하지 못하게 되고 만다.

이제 우리가 필요한 B2B 해외 영업 영어 회화에서는 1) 명확한 의사소통이 제일 우선이고, 2) 유창함(짧아도 좋으니 끊지 않고 계속 말하는 것), 3) 내용의 명확함, 4) 발음(가장 순위를 낮게 뒀다.)의 순서로 우선순위를 두겠다. 표현이 고급스럽다면 더할 나위 없겠지만, '명확한 의사소통'만큼 중요하지는 않기 때문이다. 즉 표현이 다소 거칠거나 쉽다고 하여도 대화하는 양측 사이에 서로 다른 해석이나 시각차가 없도록 하는 것이 더 중요하고, 그러한 '의사소통'에 좀 더 비중을 둬야 한다.

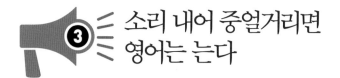

③ 소리 내어 중얼거리면 영어는 는다

혼자 보내는 시간이 많은 마 차장은 말을 많이 하는 편은 아니다. 아마 여러분들도 그런 경우가 있을 것이다. 오랫동안 말을 하지 않고 있다가 갑자기 전화가 와서 받으면, 한국말인데도 더듬거리게 되거나 말이 잘 나오지 않는 경우, 상대방이 '자다가 전화 받았느냐'라고 묻게 되는 그런 경우 말이다.

모국어도 침묵하다가 갑자기 쓰려고 하면 재빠르게 쓸 수가 없다. 마 차장처럼 말주변이 없는 편이라면 어려움은 더 하다.

외국어의 경우는 더욱 그렇다. 모든 외국어가 마찬가지겠지만, 소리 내서 말하지 않고 있다가 갑자기 '대화'를 하려고 하면 혀도 잘 안 움직이고 어색하고 쉽지 않다. 이걸 단기간에 뛰어넘는 방법이 있다면 좋겠지만 아쉽게도 없다.

어색함을 없애려면 몸을 스트레칭하듯이 본인이 아는 정도의 영어 단어나 문장을 틀리든 맞든 계속 소리 내어 말해봐야 한다. 크게 소리 내어 읽을 필요는 없다. 본인만 들을 수 있는 정도로 중얼중얼해도 충분하다. 걸음마를 한다고 생각하면 마음이 편하다. 어색한 것이 싫어도 일단 해보자. 그저 생각나는 쉬운 단어, 쉬운 문장을 중얼중얼하는 것, 이것만으로도 충분하다. 이 중얼거림을 하지 않는다면 본인이 필요한 영어 회화는 결코 얻지 못한다.

성인이 되고 나서 잘하지 못한다고 생각하는 것을 잘하려면 보다 많은 결심과 용기가 필요하다. 예컨대 살 빼는 방법은 누구나 알지만 살 빼는 것처럼 실행이 어려운 것도 없다. 영어도 마찬가지다. 방법만 알고 있으면 안 되고 바로 실행에 옮겨야 한다.

즉 입으로 중얼중얼 말해야 한다. 게다가 요즘은 스마트폰의 도움으로 남들 앞에 나설 필요 없이, 혼자서 중얼거린 말을 바로 녹음해서 들어볼 수도 있으니 의지만 있다면 충분히 어렵지 않게 할 수 있다. 길게 녹음할 필요도 없고, 그냥 하고 싶었던 말들을 해보는 거다. 느려도, 띄엄띄엄 말해도 상관없다. 처음에는 5초, 10초, 20초씩 말해보다가 나중에는 1분을 목표로 해본다. 그렇게 자꾸 말하다 보면 조금씩 익숙한 단어랑 문장이 쌓이고, 말하는 분량이 조금씩 더 늘어나게 된다.

한편 본인이 하는 말을 녹음해보면 유익한 점도 많지만 동시에 불편한 진실을 마주하게 된다. 바로 현재 자신의 영어 말하기 실력을 확실히 느낄 수 있다는 것이다.

만일 머릿속에서 생각만 하던 영어 스피킹과 직접 소리 내어 말해본 영어의 차이가 느껴지면, 아직은 좀 더 해야 한다는 동기부여를 하는 것이다. 자신의 현재 수준을 인정하는 것은 쉽지 않지만 한 번은 현실을 직시할 필요가 있다.

걸음마를 시작할 때에는 한 걸음 한 걸음에 집중해 천천히 내딛어야 한다. 중요한 것은 꾸준해야 한다는 것이다. 100미터 달리기의 전력질주나 42.195킬로미터의 마라톤처럼 힘들다고 생각하거나 혹은 넘어지거나 완주하지 못할 거라는 부정적인 생각을 할 필요는 없다. 그저 적어도 하루에 한 번, 그런 한 번을 매일 틈틈이 여러 번 해보도록 노력하는 것이 오히려 지속해서 연습하는 데 도움이 된다.

이 중얼거림을 시작해야만 입에서 작게라도 소리 내는 것이 어색하지 않게 된다. 걸음마를 해보는 거라고 생각하자. 런웨이 무대의 모델처럼 멋지게 걸으려고 애쓸 필요 없다. 남들이 듣는 것도 아니니 그리 부끄러울 것도 없다. 1분 동안 중얼거릴 수 있을 정도로 익숙한 단계가 되면 충분하다. 그리고 이 중얼거림의 최종 목표는 5분 동안 중얼거리는 녹음을 하는 것이다. 이때 발음이나 내용, 문법은 일단 신경 쓰지 말자. 5분 동안 영어로 중얼거릴 수 있다는 사실이 중요하다.

재차 강조하지만 틀려도 좋다. 강력한 동기를 만드는 것이 중요하다. 동기가 없으면 마치 다이어트에 실패하듯이 꾸준히 지속할 수 없기 때문이다.

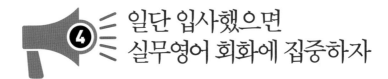

일단 입사했으면 실무영어 회화에 집중하자

요즘에 새로 입사하는 후배들을 볼 때 마 차장이 느끼는 공통점이 하나 있다. 모두 영어 어학 점수가 좋다는 것이다. 예전처럼 문제풀이 시험 점수만 좋은 것이 아니고 스피킹 점수도 좋다. 선배들 입장에서는 실력 좋은 후배들이 와서 기쁘기도 하지만, 내심 부담도 된다. 후배들에게 뒤처지는 모습을 보이지 않으려면 어떻게든 시간을 내서 영어를 배워야겠다는 것이 선배들의 솔직한 심정이다.

그런데 실력 좋은 후배들과 실무를 하면서 약간의 문제를 느낀다. 예를 들면, 해외 고객과의 전화회의나 화상회의에 함께 참석하는 경우, 일단 인사와 취미 등 가벼운 주제로 영어 대화를 부드럽게 시작하는 것은 좋다. 그런데 문제는 이후 대화가 더 깊이 진행되지 않는다는 거다. 점차 본론인 비즈니스 얘기로 넘어가야 하는데 겉도는 얘기가 계속된다.

마 차장은 그것이 바로 '시험점수 영어'와 '업무 영어'의 차이라고 본다. 그럴 수밖에 없는 것이 시험점수 영어는 '정형화된 규칙'이 있다. 비유하자면, 사칙 연산을 배우면 산수 계산을 할 수 있는 것과 같다. 하지만 '업무 영어'는 규칙에 따른 답이 나온다고 해서 멈추는 것이 아니다. 멈추지 않고 대화를 계속하면서 비즈니스 상담으로 이어가야 한다.

즉 B2B 영어 회화의 목적은 '영어'를 통해서 '업무'를 진행시키는 것이다.

대화를 처음 시작한 후에는 점점 업무 쪽으로 화제를 옮겨가야 한다. 단, 갑자기 화제를 업무로 전환하는 것은 아니다. '거두절미하고 본론만 얘기하자'는 식의 접근은 가급적 피해야 한다. 새로 입사한 후배들 입장에서는 영어점수가 높고 회화도 잘하니 실무 회의도 잘 해내야 한다는 의욕이 앞선다. 하지만 점수와 의욕만 높아서는 회의가 예상대로 진행되지 않는다. 어느 정도 익숙해져야 가능한 것이다. 이 차이를 빠르게 인식해서 조정하는 과정이 필요하다.

의욕과 결과의 차이를 겪으면서 선배들은 후배들에 대한 그들 나름의 기대감이 적어지고, 가슴은 답답해지며 슬슬 걱정이 되기 시작한다. 영어만큼은 걱정 없이 후배들에게 일임하려고 했는데, 일반적인 영어 회화와는 달리 회의를 진행하는 등의 실무 영어 회화는 실제 업무 훈련을 통해서만이 가능한 것이었다.

즉 영어 회화를 잘한다고 해서 실무영어 회화를 잘하는 것은 아니라는 것이다. 다시 말해 실무를 할 줄 알아야 그 내용으로 고객과 영어로 회의를 진행할 수 있다.

바로 이 점이 시험점수 영어와 실무 현업 간에 차이가 생기는 이유다. 선배도 후배도 그러한 차이가 있는 걸 인지해야만 한다. 그래야만 서로가 부족한 부분을 신속하게 보완할 수 있다. 예외적으로 둘 다 잘하는 신입 직원도 있겠지만 그리 많지는 않다.

입사한 후에 실무영어가 거북하게 느껴지는 또 하나의 이유가 있다. 그것은 바로 사용하는 단어와 모양은 같지만 업종에 따라 쓰는 뜻이 차이 나는 경우다. 예를 들면, 마 차장은 B2B 제조업 분야에서만 일을 해서 제조업 관련 단어와 표현에 더 익숙하다. 반면에 금융업이나 법률업계의 용어는 어렵게 느껴진다.

최근에는 업종 간의 경계가 많이 옅어져서 비즈니스와 관련된 다양한 업종을 이해할 필요가 생기기는 했지만, 어쨌든 후배들은 적어도 본인이 속한 업종의 용어에 대해서 우선적으로 빨리 습득해야 하고, 선배들은 후배가 습득할 수 있도록 도와줘야 한다. 하지만 업무량이 많아 후배들을 도와주기가 쉽지 않은 것도 현실이므로, 선배들이 도와주지 못하는 경우는 안타깝지만 후배들 스스로 방법을 찾아야 한다.

영어 시험점수는 B2B 업무를 시작하는 데 기본적으로 필요한 항목이지만, 자신이 속한 회사의 산업 내에서 필요한 용어 숙달이 현업 영어 회의에는 더 필요하다. 후배들에 비해 영어점수가 높지 않을지는 몰라도 이미 업계 용어가 숙달된 선배들이 현업 영어 회의를 충분히 소화할 수 있는 이유다.

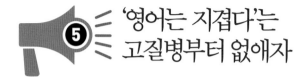

'영어는 지겹다'는 고질병부터 없애자

한국에서 '영어'라는 주제는 너무나 자주, 그리고 언제나 다루어진다. 그래서인지 '영어'라는 말만 들어도 우리 마음속에는 벌써부터 거부감이 생긴다. 다시 말해 스트레스를 받는다는 것이다. 영어를 잘해야 한다는 부담감이 항상 있기 때문이다.

모국어인 한국어를 생각해보자. 한국어의 경우, 아기 때는 단어가 아닌 소리만 내어도 잘한다고 칭찬받았었다. 그러나 영어의 경우, 자신이 현재 중학교 수준 정도 된다고 해도 그것보다는 항상 더 잘해야 한다는 부담감을 느낀다. 현재 수준이 고등학교라면 대학교 수준은 되어야 한다고 생각하고, 대학교 수준이면 박사 수준은 되어야 한다고 생각하는 것 같다.

싫으면 더 하지 않게 되는 게 사람의 심리다. 그러니 우선 마음부터 긍정적으로 바꾸도록 하자. 마음을 고쳐먹고 '영어는 지겹다'는 고질병부터 고치도록 한다. 그저 한국말을 영어로 바꿀 뿐이고, 그러면 스피킹이 되는 거라고 단순하게 생각해버리자.

이때 생각을 바꾸면서 최소한의 행동을 함께 해줘야 한다.
생각만 하고 멈추면 안 된다.

마치 '비타민을 먹어야지.' 하고 생각만 하는 것이 아니라, 적어도 비타민을 사러 약국에 가서 원하는 비타민을 고르고 먹는 행동이 필요한 것처럼 말이다. 최소한의 행동을 함께 해주는 것만으로도 지겹다는 마음을 덜어주고 부담감을 없앨 수 있다. 아주 조금씩이라도 충분하다. 조금씩 계속 해주자. 알고 있는 단어도 다시 한번 찾아보는 것, 알고 있다고 착각하는 단어를 다시 확인하는 일 등은 결코 어렵지 않다. 단지 조금 귀찮을 뿐이다. 마 차장이 확실하게 얘기할 수 있는 건 어려운 문법이나 어려운 단어는 필요하지 않다는 것이다.

중고등학교 때 배운 1,500개 영어 단어면 충분하다.
우리가 익히 알고 있는 단어들이다.

청소는 자주 하기 시작하면 요령이 붙어서 더 쉽고 빠르게 할 수 있다. 1,500개 영어 단어도 마찬가지다. 이미 배웠던 단어들이기 때문에 어렵지는 않을 것이다. '조금씩이라도'가 중요하다. 조급해할 필요 없다.

다만 우리 마음을 조급하게 만드는 6가지 마음의 병에 유의하자. 그건 바로 1) 고급 단어만 쓰려고 하는 단어병, 2) 학원만 다니면 다 될 것 같은 학원병, 3) 이 시험점수만 넘으면 될 것 같은 점수병, 4) 단기간에 실력이 급상승하는 비법이 있다고 믿는 지름길병, 5) 이 책 한 권이면 다 된다는 만병통치약병(하나만 하면 최소의 노력으로 영어는 다 될 거 같이 착각하게 만드는 병이다.), 마지막으로 6) 남의 눈치병이다.

나중에 가서는 이 병들이 오히려 실력을 올리는 데 도움이 될 것이다. 목표 달성의 자극이 되기 때문이다. 단, 지금 우리에게 필요한 것은 아니다. 지금은 영어 말하기(스피킹)에 바로 도움되는 기본 단어 1,500개에 집중해야 한다. 뜻을 정확히, 상황에 맞게끔 말하도록 입에 붙이는 연습 방법을 찾아야 한다. 만일 지금 하고 있는 영어 공부가 있다면 그건 그만두지 말고 끝까지 계속하자.

동시에 여기서 언급하는 기본 단어 1,500개를 복습처럼 여기고, 혼자 말하기로 입에 붙이자. 떨어지지 않던 입을 쉽게 열게 하는 몇 번의 경험, 이걸 느끼는 것이 목표가 되겠다. 이때 남의 눈을 신경 쓰지 않도록 '혼자 말하기'를 추천한다. 그러면 영어 말하기가 쉽게 느껴지면서 과거에 배웠던 기본 단어 1,500개를 사용해보고 싶은 마음이 들게 된다.

기본 단어라고 무시할 필요 없다. 남의 눈치를 보는 고질병은 버리자. 우리는 지금 기본 단어에만 집중하는 거다. 고질병을 없애는 시작은 바로 이 최소한의 행동이다.

실전편

Chapter 4

영어가
일상이 되는 방법

이 장을 끝까지 읽으면서 가장 마음이 끌리는 방법을 고른다.

그리고 자신만의 일상에서 '영어 접하기' 방법을 완성한다.

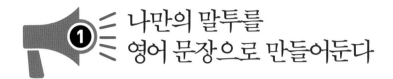

나만의 말투를 영어 문장으로 만들어둔다

"그런데 무슨 얘기를 해야 할지 모르겠어요."

회사에서, 회사 밖에서, 영어 회화 모임에서 마 차장이 많이 들었던 얘기다. 그러면 마 차장은 다시 묻는다. 얘기하려는 상대방으로는 누구를 생각하고 있는지, 즉 대화 상대방이 누구(who)인가를 묻는다. 친구인지, 거래처인지, 친한 사람인지 혹은 나이 차이가 있는 사람인지 등이다. 그렇게 대화 상대방이 정해진다.

그런데 상대가 정해져도 할 얘기가 없어서 곤란하다고 한다. 그러면 마 차장은 누구와 대화를 하든 언제나 비슷한 대화가 반복되어도 좋으니 하려는 얘기를 자기 말투대로 미리 만들어보라고 한다. 이렇게 만든 자기 말투의 문장으로 나중에 바로 얘기할 수 있도록 하려는 것이다.

한국말로도 대화를 하려면 일단 대화 상대가 있어야 하고, 그 상대가 어떤 사람인지에 따라서 단어도 다르고, 말투도 달라진다. 친구라면 편하게 말할 것이고, 고객이라면 좀 더 정중하게 말하려고 할 것이다. 즉 대화하는 상대방이 누구인가에 따라 어떻게(how) 표현할 것인지를 고려하게 된다.

대기업의 비즈니스 회화에서는 어떻게 표현하는가에 좀 더 중점을 두어야 한다. 이미 상대방과 그 상대가 어떤 고객인지 정해져 있기 때문이다. 물론 정중하게 얘기해야 하는 것은 너무나 당연하다.

그러면 이제 마 차장이 자기 말투대로 미리 문장을 만들었던 순서를 한번 보자.

1) 무조건 본인이 아는 한에서 한국말과 영어로 말해본다.(틀려도 좋다.)

2) 말한 대로 한국말과 영어로 적는다.(역시 틀려도 좋다.)

3) 적은 걸 읽어보고, 자신이 생각한 대로 해석되는지 본다. 차이가 있다면 수정한다.(1~3번이 한 세트가 되는 것이다.)

4) 1~3번을 반복해서 자신의 평소 말투의 '한국말/영어' 문장 세트, 즉 대화를 만든다.

구체적인 예를 들면 다음과 같이 될 것이다.

1) 다음 달에 해외 출장이 있고, 신규 거래선을 만들고 신규 프로젝트를 따야 한다.

There is business trip overseas next month. Need new customer and new project.

2) 말한 대로 한국말과 영어로 적는다.(역시 틀려도 좋다.)

There is business trip overseas next month. Need new customer and new project.

3) 적은 걸 읽어보고, 자신이 생각한 대로 해석되는지 본다. 차이가 있다면 수정하자. 누가 한다는 것이 명확하지 않으므로 나를 주어로 만들어서 추가해야 한다.

I have a business trip overseas next month. I have to make a new customer and win a new project.

4) 평소 자신이 자주 쓰는 한국어 문장을 여러 개 고르고, 1~3번처럼 영어와 한 세트로 만든다.

위와 같은 나의 문장이 처음부터 너무 많을 필요는 없다. 5문장이면 시작하는 데 충분하다. 하고 싶은 얘기가 있을 때, 최소한 한국말/영어 5세트를 미리 자신의 말투대로 만들어두는 것이 중요하다. 이 단계에서는 틀려도 괜찮다. 문법이 틀려도 좋으니 5문장을 반드시 만들어보도록 하자. 그러면 나만의 말투의 영어 문장 5개를 가질 수 있게 된다.

다음은 마 차장이 본인의 말투로 질문 리스트를 만든 것이다. 육하원칙 등을 이용해 최대한 단순한 모양의 질문으로 만들었으니 참고하면 좋겠다.

마 차장의 질문 리스트

1. **who** - 누가 미팅에 참석하나요?

Who join the meeting?

2. **where** – 어디에서 만나나요?

   Where do we meet?

3. **when** – 언제(며칠날) 만나나요?

   When do we meet?

4. **what** – 무엇에 대한 회의인가요?

   What is the topic?

5. **why** – 왜 하는 회의인가요?

   Why do we discuss the topic?

6. **which** – (여러 주제 중) 어느 것이 회의 주제인가요?

   Which is the topic?

7. **how** – 어떻게 주제를 토의할 건가요?

   How do we discuss the topic?

8. **by when** – 언제까지 이 건을 완성하나요?

   By when do we complete the topic?

위의 8가지(5W1H + which + by when)에 대한 질문을 알면 회의를 진행할 수 있다. 자신만의 말하는 습관과 말투로 '나만의 질문 리스트'를 꼭 만들어보길 바란다. 자신의 한국어 말투를 영어로 만드는 것이므로, 영어로 얘기를 시작할 때도 자연스럽게 사용할 수 있는 문장이 된다.

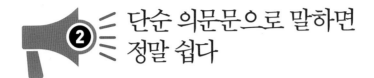

❷ 단순 의문문으로 말하면 정말 쉽다

'do'(하다)라는 단어만 주어에 맞춰서 의문문으로 말할 수 있다면 익숙한 문장의 개수를 쉽게 늘릴 수 있다. 대명사 주어는 7가지다. 7개 대명사와 몇 가지 기본 동사를 합하면 된다.

즉 동사 한 개를 사용해서 현재형으로 7개 문장 + 과거형으로 7개 문장 + 미래형으로 7개 문장 + 현재진행형으로 7개 문장, 합해서 총 28개의 문장을 만들 수 있다.

동사 한 개에 해당하는 문장 활용만 28개다. 즉 10개 동사만 잘 활용해서 써도 무려 280가지의 의문문을 만들 수 있다. 이 정도 개수의 문장을 알고 있으면 최소 5분~10분을 계속 대화할 수 있는 능력을 갖게 된다.

do 동사와 7개 대명사(I, you, we, they, he, she, it)를 한번 보자. 먼저 한글을 보고, 영어로 말해야 한다.

기본 의문문 : 대명사와 사용할 동사를 정한다

– 내가?   Do I?

– 네가?	Do you?
– 우리가?	Do we?
– 그들이?	Do they?
– 그녀가?	Does she?
– 그가?	Does he?
– 그게?	Does it?

이제 7개의 대명사별로 현재형, 과거형, 미래형, 현재진행형으로 단순한 문장을 만든다.

의문문 하다(do) : 현재형 7개

– 내가 해?	Do I do?
– 네가 해?	Do you do?
– 우리가 해?	Do we do?
– 그들이 해?	Do they do?
– 그녀가 해?	Does she do?
– 그가 해?	Does he do?
– 그게 해?	Does it do?

의문문 하다(did) : 과거형 7개

– 내가 했어?	Did I do?

–네가 했어?	Did you do?
–우리가 했어?	Did we do?
–그들이 했어?	Did they do?
–그녀가 했어?	Did she do?
–그가 했어?	Did he do?
–그게 했어?	Did it do?

의문문 하다(will do) : 미래형 7개

–(앞으로) 내가 할까?	Will I do?
–(앞으로) 네가 할래?	Will you do?
–(앞으로) 우리가 할까?	Will we do?
–(앞으로) 그들이 할까?	Will they do?
–(앞으로) 그녀가 할까?	Will she do?
–(앞으로) 그가 할까?	Will he do?
–(앞으로) 그게 할까?	Will it do?

의문문 하다(doing) : 현재진행형 7개

–내가 하고 있어?	Am I doing?
–네가 하고 있어?	Are you doing?
–우리가 하고 있어?	Are we doing?
–그들이 하고 있어?	Are they doing?

– 그녀가 하고 있어?	Is she doing?
– 그가 하고 있어?	Is he doing?
– 그게 하고 있어?	Is it doing?

이렇게 해서 28개의 가장 단순한 문장을 쉽게 만들 수 있다. 그다음은 do 동사 대신에 영어에서 제일 많이 사용하는 몇 가지의 동사로 바꾸기만 하면 된다. 다음은 사용 빈도가 높은 16개 동사다. 16개 동사에 대해서 연습하는 것은 이 책의 부록을 참조하자.

자주 사용하는 16개 동사

do(하다), go(가다), come(오다)

get(얻다), take(갖다), give(주다)

have(가지다), let(시키다), make(만들다, 하게 만들다)

like(좋아하다), want(원하다)

say((입 밖으로) 말하다), speak((소리 내어) 말하다), talk(대화하다), tell(얘기하다)

keep(계속 무엇을 하다)

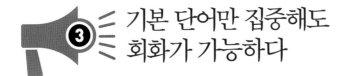

기본 단어만 집중해도 회화가 가능하다

일상적으로 필요한 영어 단어는 1,500개면 충분하다. 그 이상을 넘어가면 회화보다는 신문, 책, 전문 서적 등을 읽을 때 사용하게 되는 교양 단어에 해당된다.

영어 교양 단어는 어렵고 복잡하여 습득하는 데 상당한 시간과 노력이 필요할 뿐만 아니라 잘못하면 뜻을 제대로 기억하지 못해서 사용하지 못할 확률이 높다. 따라서 1,500개 기본 단어 먼저 익숙하게 다루도록 우선 집중해야 한다.

우리가 초등학교부터 고등학교까지 적어도 10년 이상 영어 수업을 들어오면서 배운 단어는 1,500개 이상이다. 스스로 인지하고 있지 못할 뿐 여러분은 이미 그 단어들을 알고 있다. 그러니 회화를 위해서 어려운 단어는 과감하게 무시하고, 중고등학교 때 배웠던 1,500개 단어를 익숙하게 입에 익히는 것에만 집중하자. 대학원 시험용이나 대학교 교양 단어로 22,000개 단어나 33,000개 단어를 익히겠다고 달려들지만, 회사에서 실전에 필요한 건 아니므로 과감히 무시하자.

이렇게 내가 주로 하는 회화에 바로 적용할 수 있는 단어들에만 집중해 금방 익숙해지는 작은 성공을 체험해봐야 한다. '영어는 자신감'이라는 말을 많이 들어봤을 것이다. 이 작은 성공을 맛봄으로써 나도 회화를 쉽게 할 수 있다는 자신감이 생겨날 것이다.

그렇다면 나에게 필요한 생활 단어는 어떤 것일까?

내가 하루를 보내는 동안 이동하는 생활 반경 안에서 보이는 것들을 말한다. 즉 먼바다에서 원양어선을 타는 선원들이 쓰는 해양 단어 같은 게 아니고, 내 눈에 보이는 사물들 중에서 내게는 중요한 것들을 지칭하는 단어다. 아침에 일어나서 세수하고 밥 먹고, 출근하고, 회사에서 일하면서 점심 먹고, 차 마시고, 퇴근 후 집에 와서 샤워하고 잠들기까지 내 주위에서 보이는 것들의 이름을 말한다.

여기서 한 가지 유의할 점이 있다. 먼저 우리는 나의 출퇴근 일상생활 반경에서 주로 쓰는 생활 단어, 즉 일상 단어를 익히는 것에 최우선으로 집중해야 한다. 그 후에 업계 단어를 익힌다.

업계 단어란, 예를 들어, 만일 내가 우주비행사라면 우주비행 관련 직장에서 필요한 단어를 말한다.

다음은 마 차장이 추천하는 1,500개 영단어 습득에 필요한 책이다. 이 책을 활용하면 서점의 수많은 책 중에서 고르는 시간을 절약할 수 있을 것이다.

《한 번만 봐도 기억에 남는 테마별 영어회화&영단어 2300》, 이화승, 비타민북 혼자서도 사전을 보면서 단어 하나하나를 찾을 수 있지만, 효율적인 시간 절약을 위해서 요약된 책을 활용하는 것을 추천한다.

나에게 필요한 생활 단어에 관한 책을 고를 때 고려할 점은 단어 책들마다 구성만 다를 뿐 소개하는 단어나 내용은 다 비슷비슷하므로 일단 '내가 고른 책이 나에겐 제일 좋다'고 생각하고 통독하는 것이다. 다른 사람이 보는 책에 자꾸 신경 쓸 필요 없다. 그래도 남의 책이 좋아 보인다면? 그땐 그냥 그 책을 한 권 더 사자. "남의 떡이 더 커 보인다."(Grass in my neighborhood is always greener. : 이웃집 잔디가 더 푸른 법이다.)라는 속담도 있듯이, 책을 한 권 더 사서 볼 동기가 생긴다면 한 권 더 사도 좋겠다.

그렇다면 마 차장은 어째서 생활 단어부터 먼저 익히라고 강조하는 걸까? 그건 아무리 쉬운 단어라 해도 입에서 바로바로 튀어나오지 않으면 매 순간 긴장하게 되기 때문이다. 대화가 막힌다는 생각이 머릿속에 떠오르는 순간부터 상황은 더 악화되게 마련이다.

역으로 생각해보면, 내가 필요한 생활 단어만이라도 바로바로 말할 수 있게 되면 불필요한 긴장을 없앨 수 있고, 대화의 핵심 주제에 더 집중할 수 있게 해주기 때문이다.

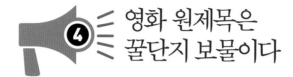

영화 원제목은 꿀단지 보물이다

의아할 수 있겠다. 마 차장은 갑자기 왜 영화 제목을 얘기하는 걸까? 이유인즉 공통된 대화의 화제를 찾기 위해서다. 요즘은 영화만큼 쉽고 가볍게 접할 수 있으면서, 다양한 주제로 대화를 시작할 수 있는 기회를 주는 것도 없다. 뉴스나 신문 기사를 대화 주제로 삼는 것보다 쉽다.

외국 고객과 회의를 진행할 때는 공통 화제를 빠르게 찾아내는 것이 중요한데, 이때 영화 원제목은 좋은 대화거리가 될 수 있다.

그런데 같은 영화를 얘기하면서도 서로 같은 영화인지를 모르는 경우가 있다. 예컨대, 마크 월버그 주연 액션 영화의 한국어 제목은 〈더블 타겟〉이다. 마 차장은 더블 타겟(double target)도 영어 단어여서 당연히 원제인 줄 알았다. 그런데 이 영화의 원제는 〈Shooter〉였다.

우리나라에는 외국에서 들어와서 쓰이는 외래어와 외국어가 많은데 이 단어들을 외국에서 쓰이는 것으로 바꿔서 알아두면 원어민과 대화할 때 많은 도움이 된다.

예를 들면 다음과 같다.

아르바이트	part-time job
화이팅(힘내자)	go for it 또는 way to go
서비스(무료)	free of charge 또는 no charge
센스(눈치)	* ex : 넌 왜 그렇게 센스(눈치)가 없니? 센스는 본래 '분별력, 지각'의 뜻이다.('눈치가 없다'의 '눈치'라는 뜻이 아님.)
핸드폰	mobile phone
핸들(자동차 운전대)	steering wheel
리모컨	remote control
모닝콜	wake-up call
아이쇼핑	window shopping
로터리(교차로)	intersection
히프(엉덩이)	bottom, butt
선글래스	sun glasses
에어컨	air conditioner
비닐봉투	plastic bag
(방송)골든 타임	prime time

* 라디오 또는 텔레비전에서 청취율이나 시청률이 가장 높은 시간대

매스컴	mass media
CF(방송광고)	commercial
프로(%)	percent
콘센트	power outlet

펑크 난 타이어	flat tire
본드(접착제)	glue
(커피) 프림	cream

만일 나에게 필요한 생활 단어를 연습하다 지루해지면, 좋아하는 외국 영화의 영어 원제목을 한 개씩 함께 찾아보는 방법도 있다. 특히 영화, 드라마, 소설처럼 계속해서 최신 작품들이 나오는 것들을 평소 영어 제목으로 한 번씩 찾아두면 대화 주제를 따로 찾지 않아도 얘깃거리가 계속 쌓이는 효과를 얻을 수 있다.

마 차장의 경우도 회화 연습에 도움이 되었던 영화들이 있다. 오래된 영화들이지만 자신의 감정을 상대방에게 설명하는 장면들이 많아서, 실제 상황에서도 많은 도움이 된다. 딱딱한 교과서에서만 나올 법한 비현실적인 상황이 아니다. 한편 남녀 간의 애정 이야기를 다룬 로맨스 장르는 전 세계 어느 나라 사람과 대화하더라도 관심 있는 주제다.

마 차장의 추천영화

〈Inside Out〉(인사이드 아웃) - 아기 때부터 사춘기까지의 부모와 아이 간의 대화가 잘 나와 있다.

〈Before Sunset〉(비포 선셋) - 이성 간의 감정 묘사가 잘 드러나 있다.

〈About Time〉(어바웃 타임) - 사회 초년생들의 감정 묘사가 잘 드러나 있다.

〈Spotlight〉(스포트라이트) – 취재 과정, 직장 동료들과의 감정 묘사가 잘 드러나 있다.

〈When Harry Met Sally〉(해리가 샐리를 만났을 때) – 긴 영어대사가 많이 나온다.

〈Notting Hill〉(노팅힐) – 영국식 영어 발음을 익히는 데 도움이 된다.

〈Jerry Maguire〉(제리 맥과이어) – 낯선 사람들이 이웃으로서 서로 친해져가는 과정의 영어 대화가 많이 나온다.

〈As Good As It Gets〉(이보다 더 좋을 순 없다) – 낯선 사람들이 연인으로서 서로 친해져가는 과정의 영어 대화가 많이 나온다.

특히 〈When Harry Met Sally〉(해리가 샐리를 만났을 때)의 경우, 원제가 긴 문장이다. 영화 제목 하나로 긴 영어 문장 하나를 쉽게 얻는 거다. 게다가 다양한 문법이 녹아있는 문장이기도 하다. 이 영화의 제목 한 문장은 마 차장으로 하여금 어쩌면 영어가 쉬울지도 모른다고 생각하게 된 계기를 만들어주었다. 마 차장은 이 영화 제목을 활용해서 다음과 같이 여러 개의 문장을 만들 수 있었다. 영화 제목 하나 제대로 알아서 얻은 이득치고는 너무 좋다고 생각했다. 다음 예를 보자.

When did Harry meet Sally?   언제 해리가 샐리를 만났어?
When Harry meets Sally?   해리가 샐리를 만날 때?
When does Harry meet Sally?   언제 해리가 샐리를 만나?

위의 문장에서 이름만 대명사로 바꾸면, 또 3개 문장이 만들어진다.

When did he meet her?	언제 그가 그녀를 만났어?
When he meets her?	그가 그녀를 만날 때?
When does he meet her?	언제 그가 그녀를 만나?

이런 식으로 영화 제목 한 문장을 여러 가지 문장으로 복제해서 늘렸다. 복제해서 만든 문장의 문법이 맞는지 아닌지 혼동될 때는 원래 영화 제목을 다시 생각해보고 비교했다. 문법에 맞는 문장 하나(영화 제목)를 알고 있으니, 틀리면 어떡하나 걱정하지 않게 된다. '틀리면 창피한데' 같은 잡생각이 드는 그 순간에 시간은 흐르고, 대화는 끊긴다.

마 차장이 경험한 것은 영화 제목 한 문장만 숙달해서 단어만 바꿔 넣으면 회화에서 쓰는 여러 문장으로 가짓수를 늘릴 수 있다는 점이다. 물론 쉽고 단순한 문장들이다. 결코 어렵지 않다.

누구나 각자 흥미 있는 분야가 다르다. 영화에 흥미가 많은 마 차장과 달리 다른 부분에 흥미를 느끼는 사람도 많을 것이다. 팝송, 신문 헤드라인, 날씨, 스포츠, 소설 등등 각자 흥미를 느끼고 좋아하는 다양한 분야의 주제를 추가로 더 알아보면 질리지도 않고 좋다. 미국 드라마, 영어로 더빙된 한국 드라마부터 시작해보는 것도 좋다. 영어 회화를 TV를 보면서 즐길 수 있을 것이다.

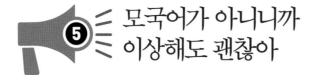

모국어가 아니니까
이상해도 괜찮아

마 차장은 한국에서 자라고 교육받고, 한국에서 살고 있다. 영어가 모국어인 사람의 자연스러운 발음을 못 따라가는 것은 당연하다.

발음이 좋으면 분명 장점이 있겠지만, 발음 걱정을 없애게 해준 기사를 우연히 보게 되었다. '진수 테리(Jinsoo Terry)'라는 한 재미교포의 이야기였다.

인터넷을 검색해보면 이 여성분의 이력이 나온다. 수많은 고생 끝에 미국에서 경영 컨설턴트로서 성공하기까지의 화려한 얘기들, 그 성공담도 읽을 만하지만 진수 테리의 영어에 대한 글이 제일 마음에 와닿았다. 발음은 전혀 중요하지 않다는 얘기였다.

"나(진수 테리)의 영어 발음이 이상하다고? 당연하지. 모국어가 아니니까. 하지만 그것조차 내 강연의 특징이야."

그녀는 자신의 발음마저도 '특징이다'라고 했다.

마 차장은 발음 걱정은 잊어버리기로 했다. 미국에서 미국인을 대상으로 영어로 강의를 하는 사람이 발음이 완벽하지 않아도 괜찮다고 한다. 발음을 걱정하는 대신 조금 더 뻔뻔해지기로 했다.

'내 발음이 어때서? 자랑까지는 아니어도 어쨌든 모국어가 아닌 영어를 이 정도 하는 것도 대단한 거지, 부끄럽다고 과묵하기만 한 사람이 될 필요는 없어!'

발음 걱정이 줄어드니까, 다시 말해 발음에 덜 신경 쓰다 보니 더 많은 단어와 문장을 빠르게 통독할 수 있게 되었다. 더 많은 양의 영어를 접하니 더 많은 회화 문장을 말할 수 있게 되는 작은 선순환이 시작된 것이다.

주위에서는 때론 쉬운 단어만 갖고 회화를 한다며 뻔뻔하다고 한다. '어려운 단어는 모르나?'라며 비아냥거리기도 한다. "네, 어려운 단어는 잘 몰라서요."라며 과감히 한쪽 귀로 흘려듣는다. 영어 회화에 바로 도움되지 않는 어려운 단어는 나중에 더 실력이 오르면 그때 하면 된다고 생각한다.

그렇다고 발음을 더 좋게 하려는 노력을 하지 말라는 것은 아니다. 이 부분을 오해하지 말자. 틈틈이 연습을 하는 것은 좋다. 다만 발음이 이상해서 영어를 못한다고 생각하지는 말자라는 것이다.

그리고 단어를 잘못 알고 있어서 틀리게 발음하는 것과 발음을 잘 못하는 것은 전혀 다른 문제라는 것을 명심하자. 예컨대 점심식사를 뜻하는 단어인 '런치(lunch)'를 '눈치(nunch)'라고 발음하면서, 발음이 나빠서 상대가 못 알아듣는다고 하지는 말자라는 것이다.

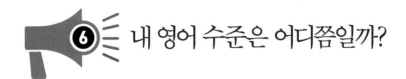

내 영어 수준은 어디쯤일까?

우리가 요리할 때를 한번 생각해보자. 요리를 할 때는 어느 부분을 개선해야 맛있는 요리가 되는지 짚어봐야 한다. 주재료와 부재료, 그리고 양념 가운데 자신의 약한 부분이 주재료인지 아니면 부재료나 양념인지 파악할 필요가 있다. 모든 식재료와 양념이 골고루 조화를 이룰 때 맛있는 요리가 되듯, 마찬가지로 영어 회화를 할 때도 자신의 취약한 부분을 파악하고 이 부분을 개선하도록 노력해야 한다.

단어, 문장, 듣기 등을 골고루 잘하는 사람이 영어 회화도 잘한다. 만일 이 중에서 하나라도 취약한 요소가 있다면 회화에 대한 자신감이 떨어지고, 본인의 실력만큼 말하지 못한다. 따라서 자신의 취약한 부분이 무엇인지 차분하게 확인해보는 시간이 필요하다.

영어 회화는 마치 곱셈과 같다. 중간에 '숫자 0'이 있으면 전체 값도 '0'이 되는 것이다. 영어 회화 = 1) 기본 단어 × 2) 문장패턴 × 3) 듣기(리스닝) × 4) 대화거리의 순서대로 중요하다.(발음은 선택 사항이다.) 이 4개 항목에 대해서 순서대로 자신의 약점을 보충해나가야 한다.

만일 하나라도 '0'이 있다면 이 부분을 1순위로 놓고 개선하고자 노력해서 전체적으로 0이 없도록 실력을 고르게 하는 것을 목표로 한다. 100점일 필요는 없다. 0.1점이어도 괜찮다. '0'만 없애는 데 집중하자.

많은 분들이 단어나 리스닝은 어느 정도 되는데, 발음이 약하다고 얘기한다. 그런데 일대일로 상담해보면 알고 있다고 생각했던 단어를 모르는 경우가 많다. 눈으로 볼 때 알 것 같은(확실하게 아는 것이 아닌) 단어들을 정말 안다고 여기는 것이다. 이럴 때 다음과 같은 악순환에 빠지게 되며, 악순환이 반복되면 영어 회화 자체에 대한 자신감은 더욱 떨어지고 만다.

악순환 : 안다고 생각했던 단어 → 갑자기 생각이 안 남
→ 발음도 자신 없음 → 듣기도 잘 안 됨
(아는 것 같은 단어도, 아는 단어도 안 들리게 됨)

현실을 직시하기란 쉽지 않다. 그래도 냉정히 현재 본인의 영어 회화 수준을 되돌아봐야 한다. 앞서 말한 4개 항목(기본 단어, 문장패턴, 듣기, 대화거리) 중에서 부족한 부분의 순위를 정해야 한다. 자신의 현재 상태를 명확히 알수록 취약한 부분을 개선해 자신감을 높이는 선순환을 할 수 있기 때문이다. 이제 자신의 상태를 확인한 다음에는 무엇을 어떻게 해야할지 다음에서 살펴보자.

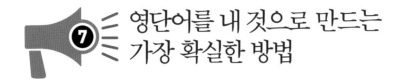

영단어를 내 것으로 만드는 가장 확실한 방법

마 차장도 바쁜 직장인이라 영어 공부를 위해 일부러 시간을 내긴 어렵다. 밀려드는 회사 일만으로도 정신없이 시간이 지나간다.

이렇게 바쁜 상황에서 이미 익숙한 영단어를 온전히 내 것으로 만드는 방법이 있다. 뜨거운 물만 부으면 3분 후에 바로 먹을 수 있는 인스턴트 음식까지는 아니어도, 영어 회화라는 요리를 일상생활을 하면서도 손쉽게 하는 요령이다. 잠을 줄이면서까지 새벽 학원을 다니는 것에 비하면 훨씬 편리하고 효율적인 방법이다.

마 차장이 추천하는 내 주위를 영어로 채우는 방법

1) 생활 반경에 보이는 사물들에 포스트잇을 붙인다.(이것이 제일 좋은 방법이다.)

－포스트잇에 한글로 단어를 적어서 붙이고 영어로 말해본다. 한글을 보고 영어로 생각해서 말하는 연습이므로 영어로 붙이면 안 된다.

－덤으로 아이가 있는 가정에서는 포스트잇 붙이기 놀이처럼 같이 할 수 있다.

2) 웹 서핑용 인터넷 웹페이지를 영문 홈페이지로 설정한다.

－www.msn.com 페이지에 가면, 언어 설정을 한국어에서 영어로 변경할 수 있다. 한글판 사이트랑 구성은 비슷하니 영어 사이트로 보자.(우리나라 사이트를 보면 재미있고 흥미는 있겠지만 그냥 시간을 버리는 셈이다.) 딱딱하지 않은 주제가 많아서 개인별로 흥미 있는 주제를 고르기 쉽다. 웹 서핑을 하면서 시간을 보내고 싶을 때 방문하도록 한다.

3) 영문 신문 홈페이지에 하루 두 번씩 방문한다.(아침에 한 번, 점심 식사 후에 한 번.)

－www.koreaherald.com 헤드라인만 읽는다. 한국에서 일어나는 일이어서 덤으로 시사적인 정보까지 같이 얻을 수 있다.

－www.cnn.com 역시 헤드라인만 읽는다. 해외에서 자주 쓰는 단어에 익숙해진다.

4) 영화 제목을 원제목으로 읽는다.

－하루에 한 개만 찾는다. 그리고 그날은 이 영화 제목만 입으로 중얼중얼 반복한다.

－덤으로 외국 고객과 얘기할 때 함께할 화제(원제목을 아니까)를 쉽게 고를 수 있다.

5) 자기 소개서 영어로 암기하기

- 틀려도 좋으니 자기 소개서를 영문으로 만든다. 이미 있으면 있는 걸로 외운다.

- 주문을 외우는 것처럼 자기 소개서를 처음부터 끝까지 중얼거린다. 유창하게 말할 수 있는 문장의 수를 늘리는 데 도움이 된다.(자기 소개서나 이력서가 영문으로 없다면, 이 기회에 꼭 만들자.)

6) 잠들기 전 키워드 3개 생각하기

- 1~5까지 하면서 그날 접했던 단어들 중에서 3개만 자기 전에 혼잣말로 한다. 그날 경험했었던 영어 단어로 하루를 마무리함으로써 반복해서 영어에 노출되려는 것이다.

이 중에서 1번 '포스트잇에 단어를 써서 사물에 붙이기'는 꼭 하자. 제일 좋은 방법이고 눈에 잘 들어온다. 나머지 2~6번은 상대적으로 더 많은 의지가 필요하다.

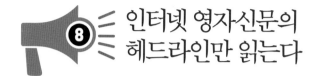

⑧ 인터넷 영자신문의 헤드라인만 읽는다

이미 회사에 다니고 있거나 회사에 입사 지원을 하려면 경제 관련 기사나 경제에 영향을 미치는 사회 기사는 놓치지 않고 봐야 한다. 요즘 화제가 되는 주제들에 대해 넓고 다양하게 알아두는 자세가 반드시 필요하다. 하나의 뉴스 사이트를 정해놓고, 매일 헤드라인만 읽어나간다. 본문을 모두 읽는 것이 아니다. 헤드라인만 통독하는 것이다.

만일 매일 하는 것이 도저히 여의치 않다면 이틀에 한 번씩이라도 반드시 통독하자. 외국 고객과 회의를 앞두고 있다면 특히 많은 도움이 된다. 본론으로 들어가기 전에 가벼운 주제부터 얘기를 시작할 수 있어야 하는데 이때 헤드라인은 좋은 대화 주제가 되어준다.

영자신문 웹사이트의 헤드라인을 며칠 동안 연속해서 읽다 보면, 자주 등장하는 단어들이 눈에 띄기 시작한다. 왜냐하면 어제 나온 기사와 연관된 내용이 계속해서 기사로 이어지기 때문이다.

이때 본인의 눈에 띄기 시작한 단어는 일단 검색만 해두자. 외우려고 애쓰지 말자. 아직 우리의 목표는 헤드라인에 나오는 단어를 외워서 사용

영어가 일상이 되는 방법

하는 것이 아니다. 우선 눈에 익숙해지도록 그냥 두자. 며칠 동안 계속 반복해서 나오는 단어라면 그것만큼은 알아두어야 하는 단어가 되는 거다.

궁금함을 참을 수 없을 때만 찾아보자. 매번 새로운 단어를 검색해서 찾으려고 하면 힘들고 지칠뿐더러 통독하고 익숙해지고자 하는 목적에 오히려 방해가 된다. 비타민은 많은 양이 필요하지는 않다. 하지만 건강에 도움이 된다. 영자신문 헤드라인이 그런 역할이다.

영자신문, 영자신문 웹사이트, 영문 뉴스 웹사이트는 많다. 취향에 맞는 사이트를 고르고, 즐겨찾기로 등록해서 틈틈이 방문한다.

다음은 마 차장이 애용하는 영자신문 웹사이트다.

코리아 헤럴드(www.koreaherald.com)
한국 관련 기사라서, 헤드라인만으로도 내용을 유추하는 데 도움이 된다.

CNN 뉴스(www.cnn.com)
미국에서 헤드라인에 자주 사용하는 영어 단어에 익숙해질 수 있다.

BBC 뉴스(www.bbc.com)
유럽에서 헤드라인에 자주 사용하는 영어 단어에 익숙해질 수 있다.

헤드라인을 보는 방법은 주어와 동사만 확인하는 것이다.

주어는 반드시 있고, 동사는 없는 경우도 있다. 명사만으로 뜻이 통하는 경우 동사가 생략된 것이다. 어떤 헤드라인이 나오는지 예를 한번 보자. 그리고 주어와 동사에 밑줄을 그어보자.

다음 예시는 영자신문 사이트에서 기사를 발췌한 것이다.

코리아 헤럴드 신문 영문 사이트

- IP office eases patent process for foreign companies.

  특허청 외국 기업의 특허 프로세스 간소화

- Kakao posts record Q2 revenue, but operating profit down 38%.

  카카오, 2분기 매출을 기록했지만 영업 이익은 38 % 감소

- Hotels gain business as vacationers seek nearby refuge from summer heat.

  휴가객들이 여름철 더위로부터 가까운 피난처를 찾으면서, 호텔이 호황을 누리다.

CNN 뉴스 영문 사이트

- California fire now the largest in state history.

  캘리포니아주 역사상 가장 큰 화재

- World's most expensive home hits market for 1 billion Euro.

  세계에서 가장 비싼 주택은 10억 유로에 달한다.

- Inside India's first IKEA, which could draw up to 7 million visitors a year.

  인도 최초의 이케아는 연간 7백만 방문객을 유치할 수 있다.

BBC 뉴스 영문 사이트

- Strong tremor rocks earthquake-hit Lombok.

  지진이 발생한 롬복(Lombok)에 강한 떨림 발생

- India opens its first IKEA store.

  인도에 첫 이케아 매장 개점

- Pitt hits back at Jolie's divorce claims.

  브래드 피트가 안젤리나 졸리의 이혼소송에 대해서 반격

- Can Belgium claim ownership of the French fry?

  벨기에는 프렌치프라이(감자튀김)의 소유권을 주장할 수 있을까?

  (감자튀김이 '프랑스 튀김(French fry)'이라고 불리는데, '벨기에 튀김'이라고
  할 수 있을까?)

마지막으로 신문과 뉴스를 본 후 기사를 대화 주제로 활용할 때 주
의할 점이 있다. 대화 주제로 적절한 것과 부적절한 것을 판단하는 기준
은 무엇일까?

적절한 주제는 한없이 많지만 종교나 정치 관련 기사는 업무 관계상 만나는 사람과의 대화 주제로 부적절하다. 왜냐하면 이러한 주제는 논쟁으로 악화될 우려가 많기 때문이다. 이는 외국에서도 마찬가지다. 뉴스, 헤드라인에서 봤어도 고객과의 대화 주제로는 쓰지 않는 것이 좋다. 특히 외국 고객과 협상을 앞둔 시점이라면 절대 금기 사항이다.

추천하는 주제는 날씨, 여행(출장 비행), 스포츠(축구, 야구, 농구, 럭비, 골프, 스키) 등 주로 객관적인 것이나 영화와 책(옛날 것이든 최근 것이든 상관없다), 음악, 취미 등 개인적인 취향과 관련된 것들이다. 앞서 얘기한 영화나 책의 영어 원제목 등도 알아두면 좋은 대화 주제가 된다.

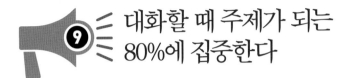

대화할 때 주제가 되는 80%에 집중한다

우리가 중고등학교 때 배웠던 기본 단어 1,500개만 제대로 알아도 회사에서 회의할 때 필요한 영어 회화의 80%를 얘기할 수 있다.

회사에서 필요한 영어 회화는 점수가 필요한 '시험 점수 영어'가 아닌 '업무 영어'다. 따라서 크게 위축될 필요가 없다.

한번에 못 알아들었다고 해서 끝이 아니다. 회의 중에 혹은 회의 후에 다시 물어볼 수 있다. 한국말로 얘기할 때도 놓쳐서 못 알아들으면 "뭐라고? 못 들었어." 하면서 물을 수 있듯이 말이다. 나머지 20%를 회의가 끝난 후 추가 질문을 해서 확인하면 안 되나? 아니다, 그래도 된다. 모든 내용을 회의에서 다 끝내야 하는 것은 아니다.

그럼 무슨 얘기를 하면서 80%의 큰 덩어리를 채울 것인가?

회의 시 80%는 육하원칙(5W1H)의 문답에 해당된다.

질문을 할 때도, 답변을 할 때도, 육하원칙 중에서 2개(누가(who), 무엇을(what))로 대화를 주고받으며 시작한다. 그리고 나서 나머지 4개의 육하원칙(언제(when), 어디서(where), 어떻게(how), 왜(why))에 관해서 좀 더

Chapter 4

대화하게 된다.

해외 영업 담당자가 육하원칙 항목마다 그에 해당되는 상담 업무 내용을 한국말로 미리 알아두어야 하는 이유가 이것이다. 이걸 미리 한국말로 준비해두지 않으면 쉽게 할 수 있는 대화의 80%를 못하게 된다. 다시 말해 미리 한국말로 생각해두는 것이 그대로 준비가 되는 것이다. 만일 한국말로도 미리 예상하지 못한 내용이라면, 해외 고객과 회의 중에 그런 상황이 왔을 때 외국어로 대화하는 것은 불가능하다고 봐야 한다.

다음 예를 한번 보자.

일정을 모르는 경우(when에 해당)

양사 간에 다음 회의 일정을 협의해야 하는데, 만일 우리 회사가 가능한 일정을 모른다면 80%만큼의 대화를 할 수 없다. 한국말로도 일정을 모르니까 당연히 못하는 거다.

그런데 여기서 만약 일정이 확정된 것이 아니어도 괜찮다고 미리 생각해뒀다면? 확정된 일정이 없다고 말하거나 잠정적인 일정이라도 알려주겠다며 대화를 계속 할 수 있는 것이다.

곤란한 질문에 대한 의견을 미리 준비하지 않은 경우(what에 해당)

모든 질문을 예상할 수는 없지만, 어느 정도 예상 가능한 곤란한 질문들은 있다. 예컨대 가격을 더 낮춰달라, 납기를 더 단축해달라, 품질 불량을 더 줄여달라, 오늘 회의 내용은 100% 약속하는 것인가? 등의 질문들 말이다. 만일 이때 답하기 곤란한 질문을 미리 생각하고 대비해서 준비해 가지 않는다면 고객과 영어 상담을 진행할 수 없는 상황을 맞이하는 것은 당연하다.

이처럼 육하원칙의 답변을 미리 준비해두어야만 대화 주제의 80%를 해결함으로써 쉬운 영어 회화로도 당황하지 않고 고객과 회의할 수 있다.

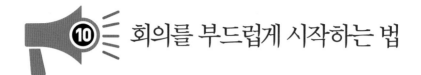

⑩ 회의를 부드럽게 시작하는 법

알고 있는 상식도 외국 고객과의 회의에서 바로 입 밖으로 꺼내어 말하기란 쉽지 않다. 따라서 담당하는 국가와 지역에 대한 상식을 '생각나면 바로 얘기할 수 있도록' 지속해서 보충하자. 그리고 이러한 기본 상식은 잊지 말고 회의 전에 꼭 확인해서 익혀두자.

그렇다면 왜 이렇게 기초상식 쌓기를 강조하는지 다음 예를 한번 살펴보자.

마 차장은 다음 주에 해외 고객을 만나서 상담을 하려고 한다. 그러면 여러 가지 주제로 얘기하게 될 것이다. 마 차장이 하고 싶은 얘기만 하고 끝나지는 않을 것이라는 건 예상할 수 있다. 만나자마자 본론으로 들어가서 제품과 서비스를 설명하고, 가격 얘기를 하고, 언제 납품하겠다고 할 수는 없다. 본론으로 들어가기 전에 가볍게 얘기를 시작하는 과정이 필요하다. 이때 유용한 것이 바로 상대 고객 국가의 기본 정보, 즉 상식이다. 예를 들면, 다음과 같은 날씨, 지리, 음식, 휴가 등이다.

날씨 : 날씨가 더운지/추운지, 비/눈이 많은지

지리 : 산/평지가 많은지, 바다/숲이 많은지, 낮/밤이 긴지/짧은지

음식 : 주식/특산물이 무엇인지

휴가 : 휴가를 어떻게 보내는지(여행을 가는지/집에 머무는지)

기본 정보 : 인구수, 수도, 유명 관광지, 꼭 잊지 말고 하면 좋은 것들

유의사항 : 정치/종교/인종 얘기(꼭 유념해서 빼도록 한다.)

위의 상식들은 대화를 시작하기 좋은 주제일 뿐만 아니라 대화하는 상대방이 실제로 생각하는 진심을 얘기하도록 마음을 열어주는 주제라는 점에서 큰 장점을 지닌다. 이러한 가벼운 주제들은 대화 상대방의 마음을 편안하게 만들어 긍정적인 마음으로 회의를 시작할 수 있도록 만든다. 본론으로 들어가면서 조금 딱딱해질 수 있는 분위기를 미리 부드럽게 해주어서 본론의 대화가 심각해지더라도 다시 부드럽게 되돌릴 수 있는 사전 장치가 되는 것이다.

한편 상대방에 따라서 대화 주제로 주의해야 할 것들이 있다. 바로 성별, 나이, 국적, 인종에 관한 것으로, 이 부분도 신경 써서 실수하지 않도록 한다.

대화 주제로 피해야 할 것들

- 성별(남자/여자인지)

- 나이가 젊어 보이는 편인지, 들어 보이는 편인지(기분이 상할 우려가

조금이라도 있으면 안 하는 것이 낫다.), 자식의 유무, 손자의 유무 등(개인적인 것은 안 묻는 것이 좋다. 친해진 후에나 가능하다.)

- 국적/인종(다국적 회사의 경우, 인종이 섞여 있어서 필히 주의해야 한다. 무의식중에 섣불리 특정 국가/인종에 대해 부정적으로 말했을 때 상대나 그 가족이 해당될 수도 있기 때문이다.)

아이스브레이킹(icebreaking, 어색한 분위기를 풀어주는 활동)은 외국인뿐만 아니라 원어민들에게도 쉽지 않은 부분이다. 처음 만나는 상황에 대해서 부담감, 어색함을 호소하는 원어민도 많다. 즉 이 상황은 한국 사람인 우리만이 느끼는 어려움이 아니라는 것이다.

결코 영어를 못해서가 아니다. 단지 영어를 잘하지 못한다고 생각하기 때문에 더 부담되는 것뿐이다. 그러므로 기초 상식을 이용해서 부드럽게 회의를 시작하도록 준비하자.

상식적인 내용으로 대화를 시작하는 아이스브레이킹의 핵심은 한 가지 더 있다. 이를 통해서 정확한 지식이나 답을 서로 주고받는 것이 아니라, '당신과 대화를 나누고 싶습니다.'라는 뜻을 표현하고 있다는 사실이다. 이것만큼 중요한 핵심은 없을 것이다.

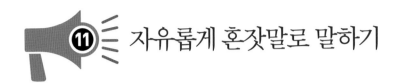# 자유롭게 혼잣말로 말하기

스피킹(말하기) 연습이 좋다고 한다. 정말 불변의 명제다. 그렇다면 도대체 무엇을(what), 어떻게(how) 연습해야 할까?

3가지만 정해서 혼잣말로 얘기한다. 자신의 말투를 통일시켜 정해두려는 것이 혼잣말의 목적이다.

첫째, 말하고 싶은 단어, 문장, 이야기를 생각한다.(필요한 우선순위는 일, 가족, 친구 순서다.) 둘째, 아는 단어만 써서(모르는 단어는 그냥 한글로) 생각한다. 셋째, 혼잣말을 현재형으로 말한다.(의문문이든 평서문이든 상관없다.)

예컨대 다음 말을 하고 싶다고 하자. 그런데 모르는 단어가 있다. 그렇더라도 지금 머릿속에 생각나는 단어들로만 이렇게 말해본다.

예) 하려는 말 : 자동차 수리 센터에 가야 해요.

말하기 : 아이 햅투 고투 자동차 수리 센터.

영어 : I have to go to 자동차 수리 센터.('자동차 수리 센터'를 영어로 모르는 경우)

이렇게 영어와 한글 단어를 섞어서 말해도 어차피 혼잣말이니까 부끄럽지도 않다. 오히려 알긴 아는데 완전히 알고 있는 것은 아닌 단어 하나를 찾는 기회도 된다. '수리(repair)'라는 단어만 알면 문장으로 얘기해볼 수도 있다. 자동차는 car이고, 수리 센터는 repair center다. center라는 단어의 뜻이 정비소냐 아니냐는 여기서 덜 중요하다. 머릿속에 바로 떠오르는 단어로 말하기 연습을 하는 것이 주목적이기 때문이다.(물론 자동차 정비소는 'car repair shop'이다.)

특히 어려운 조동사나 시제, 의지의 표현이냐 아니냐 하는 건 신경 쓰지 말자. 지금은 현재형 문장에만 집중한다. 현재형 문장으로 편하게 말하게 되면, 다음 단계로는 과거형으로 바꿔서 말해본다.

이 말하기(스피킹) 연습의 목적은, 모르는 말을 표현하려고 오래 생각하지 않고서도 바로 떠오르는 단어로만 말할 수 있게 하는 것이다. 또 그렇게 떠오르는 단어들을 가지고 반복되는 자기만의 말투를 문장으로 미리 만드는 연습을 하는 것이다. 자기만의 말투로 말하는 연습을 하면, 실제 대화에서 망설이게 되는 순간을 없애준다.

예를 하나 더 보자. 만일 평소 '아시다시피'나 '전에 언급했듯이'와 같은 한국말을 자주 쓰는 사람이 있다고 하자. 그러면 그 한국말에 해당하는 짧은 단어나 구절을 영어로 찾는다. 그러고는 통으로 미리 입버릇처럼 익혀둔다.

예) 아시다시피 : As you know(애즈 유 노우)

전에 언급했듯이 : As I mentioned previously(애즈 아이 멘션드 프리비어슬리)

스피킹을 잘하려면 무엇을 어떻게 해야 할까? 우선 1) 한국어로 하고 싶은 말이 있어야 한다. '무슨 말을 해야 할지 모르겠다'는 안 된다. 2) 본인이 할 수 있는 영어 단어(할 수 있다면 문장으로)를 사용해 혼잣말로 한다. 3) 영어로 말하다가 모르는 단어/문장은 우선 한국말로 대체하고 나중에 영어 사전에서 찾아본다. 4) 위 1~3)번을 자신의 말투에 맞추어 미리 영어로 만들어둔다.

이렇게 하고 싶은 말을 평소 영어로 말해보면 나중에 영어로 바로 말해야 하는 상황이 닥쳤을 때 한국어를 영어로 급하게 번역해야 하는 곤란한 경우가 줄어든다. 즉 평상시 본인의 말투로 영어 스피킹을 하게 되므로 발 빠르게 대처할 수 있다.

위 내용을 실제로 적용해보자. 예를 들어 다음 주에 발표가 있다고 하자. 그러면 준비할 것은 다음과 같다.

1) 한국말로 하고 싶은 얘기를 정한다.(아쉽지만 마 차장이 대신 얘기를 정해줄 수는 없다.)
2) 혼잣말로 영어로 막 얘기한다.
3) 모호하거나 몰랐던 영어 단어를 확인한 뒤 사전에서 찾는다.
4) 본인 말투에 맞춰서 다시 혼잣말로 영어로 얘기한다.

Chapter 4

여기서 말하는 본인 말투는 '그러면, 그러니까, 제 말은, 아까 얘기했듯이, 그래서, 어~' 등 주로 접속사 같은 말 습관을 말한다. 이 과정을 해외 고객과 만난 자리에서 하려고 하지 말고, 회의 며칠 전에 미리 반복해서 해보는 것이다. 하고 싶은 얘깃거리도 미리 생각해보고, '제 말은'(what I mean)처럼 접속사를 사용하여 말이 막힐 때 부드럽게 넘어가는 연습을 해본다.

이 연습을 통해 사용하고 싶었지만 미처 몰랐던 영어 단어도 많이 알게 되고, 남들 시선을 의식하지 않고 얼마든지 혼자서 스피킹을 할 수 있다. 또 평상시 자신의 한국어 말투를 영어로 연습했기 때문에 실전에 바로 적용할 수 있다.

Chapter 5

실전편

영어가 쉬워지는
마법의 요령

마 차장이 지금까지 앞에서 설명했던 부분들은

독자의 이해를 위한 것이었다.

동기를 부여하고, 자신의 현황을 돌아보고,

어떠한 마음가짐이 필요한지 얘기했다.

이번 Chapter부터는 쉬운 단어와 문장의 영어를 쓰면서

실제 요령을 익히도록 하자.

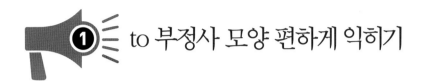# to 부정사 모양 편하게 익히기

'to 부정사'는 'ing 진행형'과 함께 이해하는 것이 나중에 스피킹하기 편하다. 쉽게 익숙해지기 위해서 '미래'의 의미와 '현재(과거 포함)'의 의미 2가지로 단순하게 구분하자. 예외나 더 복잡한 시제는 우선 무시하겠다. 먼저 기본 단어에만 집중하자.

'do'(하다)라는 동사를 예로 보자. do의 to 부정사 'to do'에는 미래를 의미하는 속뜻이 담겨 있다. 앞으로 하려고 하거나 일어날 일을 뜻한다. 즉 '무엇무엇을 하기 위해서, 무엇무엇을 할 것을'의 의미다. 반대로 do의 진행형 doing에는 '현재(과거 포함)'를 의미하는 속뜻이 담겨 있다. 했었거나 하고 있는 중의 일을 뜻한다. 즉 '무엇무엇을 했었거나, 무엇무엇을 하고 있거나'가 되겠다.

꼭 기억하자. to 부정사에는 미래의 속뜻이 있고, ing 진행형에는 현재(과거 포함)의 속뜻이 있다. 이 속뜻을 가장 기본으로 염두에 두고, to 부정사와 진행형을 써보자.

예컨대, '그가 담배를 피우려고(또는 피우기 위해서) 멈춘다.'는 문장은 다음과 같다.

He stops to smoke.

담배를 피우려고 하는 것이지 아직 피우지 않았다. 즉 아직 한 것이 아니고 '이제 하려는' 것이므로 미래의 속뜻이 들어 있다는 것이다.

이번에는 진행형을 보자. 예컨대 '그가 담배를 피우던 것을 멈춘다.' 는 문장은 다음과 같다.

He stops smoking.

담배를 피우고 있던 걸 멈추는 것이다. 즉 이미 피우고 있던 것을 멈추는 것이므로 현재(과거진행형도 있으므로 과거의 의미도 포함된다.)의 속뜻이 들어 있다는 것이다.

이제 다른 to 부정사의 예를 보자. '난 그녀를 만나려고 노력하고 있다.'라는 문장은 다음과 같다.

한글 :	나는	노력하고 있다	만나려고	그녀를
영어 :	I'm	trying	to meet	her.

만나려고 하는 상태다. 아직 만나지 않았으므로 역시 미래의 속뜻이

들어 있다. 미래의 뜻이 들어 있는 to 부정사를 좀 더 살펴보자.

to do	(무엇무엇을) '하려고'
to make	(무엇무엇을) '만들려고'
to go	(어디어디로) '가려고'
to eat	(무엇무엇을) '먹으려고'

무엇인가를 하려고 하는 것이지 아직 한 것이 아니기 때문에 to 부정사의 속뜻에는 모두 미래의 의미가 담겨 있다. 그러므로 우리는 이다음에 어떤 문장을 말할 때, 상황에 따라 다음과 같이 to 부정사와 진행형을 쓰기만 하면 된다. 복잡한 문법적 내용은 일단 머릿속에서 제외하도록 한다.

앞으로 하려고 하는 것일 때는 to 부정사를 사용하자.
현재 또는 과거에 했던 것일 때는 진행형을 사용하자.

앞에서 마 차장은 쉬운 기본 단어만으로 연습하자고 했었다. 마찬가지로 동사도 기본 동사(10~15개 정도)에만 집중하려고 한다. 가장 쉬운 단어들이지만 생각나는 대로 입에서 나와야 하는 단어들이기 때문에 다시 한번 의미를 짚어보자.

기본 동사의 to 부정사 형태

to do	하려고
to come	오려고
to go	가려고
to give	주려고
to take	가져가려고
to get	얻으려고
to have	가지려고
to make	만들려고
to let	(무엇무엇하게) 시키려고
to say	말하려고 * say : '말하다/소리 내다'라는 일반적인 동사
to talk	(말을 건다는 의미로) 말하려고
to tell	(스토리가 있는) 얘기를 하려고
to keep	(무엇을) 계속하려고
to like	좋아하려고
to want	원하려고

위의 단어들을 머릿속에 떠오르는 대로 쓸 수만 있다면 기본적인 스피킹의 뼈대가 가능하다고 생각해도 좋다. 물론 남들이 듣기에 멋지게 말하는 정도는 아니다. 그렇지만 대화를 할 수 있다.

남들이 듣기에 멋지게 말하는 것은 지금 우리의 목표는 아니니까 무시하자. 하고 싶은 말을 제대로 못하고 입안에서 맴돌기만 하는 것보다는 머릿속에 떠오르는 기본 단어만 붙여서 말하면 되는 것이다.

주어만 말하고 위의 to 부정사 중에서 동사 하나만 골라 써도 듣는 상대방은 여러분의 의도를 알 수 있을 정도다. 예컨대, '나는 거기로 가려고 한다.'는 'I am to go there.'라고 말할 수 있다. '그녀는 여기로 오려고 한다.'는 'She is to come here.'라고 말할 수 있다.

꿀 먹은 벙어리처럼 가만히 있을 게 아니라 이렇게 단순하게라도 스피킹을 해보면 적어도 상대방에게 내 생각을 전달할 수 있고, 주어에 따라 동사를 활용해야 하는 문법을 걱정하면서 더듬거리지 않아도 된다.

만일 더 정확하고 상세한 의미를 표현하고 싶으면 ing 진행형을 섞어서 짧은 문장을 쓰면 된다. 이것은 뒤에 가서 좀 더 설명하겠다.

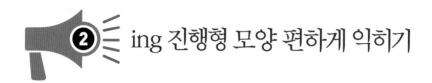

② ing 진행형 모양 편하게 익히기

앞에서 얘기한 'to 부정사'에 이어서 'ing 진행형'에는 '현재(과거 포함)'의 속뜻이 있다고 했다. '그가 담배 피우기를 멈춘다.'(He stops smoking.)라는 문장이었는데, 이 문장에서는 ing 진행형에는 과거의 속뜻도 있다는 것만 알아두면 된다.

한편 ing 진행형은 말 그대로 현재의 속뜻이 제일 많이 담겨 있어서 대화할 때 가장 마음 편하게 말할 수 있다. 쉬운 기본 단어에 ing만 더한다. 이때 철자가 맞는지 틀리는지 걱정은 아직 하지 말자.

다음의 예를 보자. 한국말은 주어가 없이도 문장이 가능하다.

먹고 있는 중이야.	eating
마시는 중이야.	drinking
운전 중이야.	driving
(TV) 보는 중이야.	watching
일하는 중이야.	working

단어 앞에 한 가지만 더해서 말하면 문장이 된다. 바로 주어(주어 + be 동사)다. 앞의 예에서 '일하는 중'이라는 뜻의 working을 선택해서 함께 말해보자. 사용할 주어는 6개로 한다. I, you, he, she, they, we이다.(it은 연습에서 제외하자.)

be 동사 + ing

I am working.	나 일하는 중이야.
You are working.	너 일하는 중이야.
He is working.	그는 일하는 중이야.
She is working.	그녀는 일하는 중이야.
They are working.	그들은 일하는 중이야.
We are working.	우리 일하는 중이야.

이렇게 주어만 바꾸어 적으면 working이라는 단어 한 개를 가지고 6개까지 늘려서 말할 수 있다.

이번에는 과거의 속뜻인 ing 모양을 보자.

be 동사의 과거형 + ing

I was working.	나 일하는 중이었어.
You were working.	넌 일하는 중이었어.
He was working.	그는 일하는 중이었어.

She was working.	그녀는 일하는 중이었어.
They were working.	그들은 일하는 중이었어.
We were working.	우리는 일하는 중이었어.

스피킹을 할 때 문법을 생각하면 혼란이 올 수도 있으니 문법은 일단 잊어버리자. 덕분에 working이라는 ing 모양의 단어 한 개로 주어를 바꿔서 6개 문장(현재의 속뜻)으로 말할 수 있다. 그리고 바로 앞의 예문들처럼 주어는 그대로 두고 시제만 과거로 바꿔서 (과거의 속뜻인) 6개 문장을 더 말할 수 있다. working이라는 단어 한 개를 활용해 12개의 문장을 만든 것이다.

때론 "먹고 있는 중이야."라고 말할 때 'eating' 한 단어만 말해도 된다. "TV 보고 있는 중이야."도 'watching' 한 단어만 말해도 된다. 물론 주어까지 함께 말해주면 더 멋지겠다.

내가 마음 편히 쓸 수 있는 기본 단어를 확실히 알고 있는 것이 가장 중요하다. 이를 위해 매일 3개의 기본 단어를 포스트잇에 적어 주위에 붙이고 보는 연습이 필요하다.

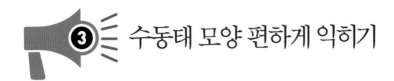

수동태 모양 편하게 익히기

마 차장도 수동태를 문법으로만 배웠다. 그래서 수동태라고 하면 당연히 시험문제 풀이에 필요한 걸로 생각했었다. 수동태 문장을 접하면 그 뜻을 생각하기보다는 학교에서 문법을 배울 때처럼 이 문장을 능동태로 어떻게 바꿀 것인가 같은 문제부터 먼저 생각했던 것이다.

그 부작용으로 심지어 외국 고객과의 회의에서 말을 할 때도 머릿속에서는 수동태와 능동태를 바꾸는 생각을 하기도 했다. 하지만 회의 중에 이런 생각을 하면 헷갈리기만 하고 그 순간에는 전혀 도움이 안 된다. 한마디로 문법은 생각하지 말아야 한다. 수동태 문장이 가진 뜻 그대로 생각하는 것이 제일 좋다.

우리는 이미 수동태로 쓰이는 많은 표현들을 알고 있다. 지금은 그냥 그렇게 알고 있는 것만 말하자. 이걸 수동태로 써도 될까 말까를 고민하지 말고 그냥 수동태로 말하자. 상대방도 어느 정도 알아듣는다. 물론 새로운 수동태 표현을 지금 당장 배우려고 하지 않아도 괜찮다. 틀려도 좋으니 우선 입 밖으로 말해보자. 했던 말들 중 불확실하다고 생각되는 것은 회의 끝나고 나중에 찾아보면 된다.

다음은 수동태로 그대로 이해하는 예이다. 다음 굵은 글씨의 의미를 한번 보자. 그러면 더 확실히 알 수 있다.('수동태 모양 모음' 표도 포함.)

1) I am attracted.   난 (무엇에) 끌린다

2) I am attracted to that.   난 그것에 끌린다

3) That attracts me.   그게 나를 끌리게 한다.

위의 표현 중 2번이 제일 중요하다. '난 그것에 끌린다'라고 할 때 사용하는 제일 일반적인 표현이고 완전한 문장을 이루고 있기 때문이다. 그러므로 "나는 (그것에) 끌려."라고 말하고 싶을 때 사용하자.

그다음으로 중요한 건 3번이다. '그게 나를 끌리게 한다'라고 할 때 일반적인 표현이고 완전한 문장을 이루고 있기 때문이다. 2번과 가장 큰 차이는 주어다. 2번이 '내'가 끌리고 있다는 뜻을 강조한다면, 3번은 내가 아니라 '그것'이 나를 끈다는 것을 강조한다.

여기서 위 문장들의 의미를 좀 더 깊이 살펴보자. 2번 문장은 상황이 완전히 다르다. 2번의 의미는 '내가 그것에 끌리고 있는 것'이다. 즉 내가 스스로 끌리는 상황이다. 3번의 의미는 그게 내 관심을 끌어내는 거다. 즉 나는 별생각 없었는데 관심을 끄는 상황인 것이다.

지금은 이런 차이가 있다는 것만 알고 있어도 충분하다. 다시 몇 가지 예를 더 보자.

4) I am given.   난 (무엇을) 받았다.

5) I am given food.   난 음식을 받았다.

6) I am given presents.   난 선물을 받았다.

5번 문장도 2번 문장과 마찬가지로 같은 형태다. 내가 무언가를 받은 상황을 강조하는 의미다. 수동태의 뜻으로 생각하지 말자. 그대로 '난 받았다'라고 생각하자.이제 문장을 몇 개 더 보자.

7) She/He attracts.

   그녀/그가 (누구를 또는 무엇을) (매력으로) 끌어.

8) She/He attracts me.

   그녀/그가 나를 (매력으로) 끌어.

8번 문장도 그녀가 내 관심을 끄는 거다. 나는 별생각 없었는데, 관심이 생기게 된 것이다.

9) I am shocked.

   (내가) 놀라다. * '내가' 지금 놀라고 있는 걸 강조.

10) It shocks me.

   그게 날 놀라게 해. * '그게' 날 놀라게 한 걸 강조.

7, 8, 9, 10번 문장을 보면 맨 앞에 나오는 주어에 따라서 문장에서 강조되는 의미가 달라진다는 것을 알 수 있다. 여기까지는 이해를 돕기 위한 설명이고, 실제 스피킹에서는 수동태 모양을 더 많이 사용한다. 예컨대, "It shocks me."보다 "I am shocked."라는 표현을 더 많이 쓴다.

지금까지 설명한 내용을 모아서 한번에 볼 수 있도록 몇 가지 수동태 표현을 다음과 같이 정리했다. 단어 모양이 보이는 대로 머릿속에 떠올릴 수 있다. 수동태 모양과 뜻에 얽매여서 복잡하게 생각하지 말자.

수동태 모양 모음

	영어	한국어	시제
1	I am attracted to her/him.	난 그녀/그에게 끌려요.	현재
2	I am interested in your products.*	나는 당신의 제품에 관심 있어요.	현재
3	I was given. * 누가 준 건지가 중요한 게 아니라 내가 받은 것이 중요하다. '주어졌다'라고 복잡하게 해석하지 말자.	나 받았었어.	과거
4	I was told. * 누가 얘기한 건지가 중요한 게 아니라 내가 들은 것이 중요하다. '얘기 들어졌다'라고 어렵게 생각하지 말자.	나 (얘기) 들었었어.	과거
5	I was shocked.	나 놀랐었어.	과거
6	I am shocked.	난 지금 놀랐어.	현재
7	I was informed.	나 정보를 받았었어.	과거
8	I was touched.*	나 감격했었어.	과거

	영어	한국어	시제
9	I was hit.	나 맞았었어.	과거
10	I am hit.	나 지금 맞았어.	현재
11	I was bitten.	나 물렸었어.	과거
12	I was lost.	나 길을 잃었었어.	과거
13	I am lost.	나 (지금) 길을 잃었어.	현재

* be interested in은 전치사와 함께 쓰이는 수동태 표현이므로 통으로 외우자.
* touch는 만지다, 닿다 등의 뜻 외에 마음을 움직이다, 감동시키다라는 뜻이 있다.

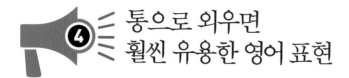

통으로 외우면
훨씬 유용한 영어 표현

'소문에는, 기사에서 봤는데, 옛날 옛적에, 샀어야 했는데, 갔었어야 했는데, 하지 말았어야 했는데' 등 정해진 모양으로 자주 쓰는 한국말들이 있다. 그런 말은 앞서 말한 수동태처럼 의미에 집중해서 통으로 외워 입에 익숙하게 붙이는 게 좋다. 굳이 단어 하나하나를 해석하려고 하지 말자.

예컨대 'could + 현재완료'라든가 'should + 현재완료'처럼 분해해서 생각하지 말자. 그건 중고등학교 때 많이 연습했던 걸로 충분하다. 대신 이제 우리는 '그걸 했었어야 했는데'라고 말하고 싶을 때 통으로 'I should have done that.'(아이 슈드햅 던댓)이라고 말하는 연습을 하자. 사람마다 자주 쓰는 말들은 달라도 공통되는 부분이 있다. 마 차장이 해외 영업을 하면서 고른 3가지 표현은 'I should have done, I could have done, You should have done.'이다. 함께 일했던 선후배들이 하나같이 입에서는 맴도는데 바로 입 밖으로 소리 내서 말하지 못했던 것들이다.

영어가 쉬워지는 마법의 요령

	한국어	영어	발음
	했어야 하는데 못한 걸 아쉬워할 때는 '슈드햅'을 쓴다.		
1	그걸 했었어야 했는데.	I should have done that.	아이 슈드햅 던댓
	할 수 있었는데 못하고 놓쳤을 때는 '쿠드햅'을 쓴다.		
2	그거 할 수 있었는데.	I could have done that.	아이 쿠드햅 던댓
	너 또는 그녀/그가 아쉬워하거나 못한 경우는 1~2번 예시에서 주어만 바꾸면 된다. 다음 3~6번 예시와 같다.		
3	너 그걸 했었어야 했는데.	You should have done that.	유 슈드햅 던댓
4	그는 그걸 했었어야 했는데. 그녀는 그걸 했었어야 했는데.	He should have done that. She should have done that.	히 슈드햅 던댓 쉬 슈드햅 던댓
5	너는 그거 할 수 있었는데.	You could have done that.	유 쿠드햅 던댓
6	그는 그거 할 수 있었는데. 그녀는 그거 할 수 있었는데.	He could have done that. She could have done that.	히 쿠드햅 던댓 쉬 쿠드햅 던댓

반복되는 모양을 보면 여러분도 어느 정도 감을 잡았을 것이다. 문장 하나만 내 것으로 확실하게 만들면 주어만 바꿔서 쓸 수 있는 문장 수를 늘릴 수 있다. 자신 있게 말할 수 있는 문장들이 늘어나는 것이다.

3가지 표현(I should have done, I could have done, You should have done.)만은 익숙하게 만들자. 그러면 본인의 마음을 정말 쉽게 표현할 수 있게 된다.(가정법이니 현재완료니 이런 문법을 생각할 필요도 없다.)

본인의 말투로 많이 쓰는
한국어 단어와 문장을 영어로 찾아서 통으로 익힌다.

힘들게 새로운 책을 찾으려고 하지 않아도 된다. 이미 갖고 있는 책에서 골라 복습만 하면 된다. 소장하고 있는 아무 기본 단어책이나 문장 패턴에 대한 책이면 충분하다. 갖고 있는 책에서 자기 말투를 찾는 순서는 다음과 같다.

자기 말투 찾기 연습 순서

1) 평소 본인의 말투로 많이 쓰는 한국말 단어와 문장을 찾는다.(또는 연습장에 적는다.)

2) 갖고 있는 교재, 기본 단어책과 문장패턴 책에서 한국말 표현을 보고 고른다.

3) 포스트잇에 적어서 냉장고 문 등 잘 보이는 곳에 붙인다.(한국말만 적어서 붙인다. 영어로 붙이면 도움이 안 된다.)

4) 매일 3개씩만 붙인다. 너무 많이 하려고 하면 지쳐서 계속 못하게 된다. 3개도 힘들면 2개만 하자.

하루 2개만 붙여도 한 달이면 60개가 된다. 60개에 주어(7개)만 바꿔 넣어서 읽으면 420개가 되는 셈이다. 무리해서 많이 하려고 하면 지쳐서 꾸준히 못하게 된다. 그래서 하루에 2~3개만 해보라는 거다. 단 한 개만 하는 것은 안 된다. 적어도 2개는 넘어야 오래 기억하는 데 도움이 된다.

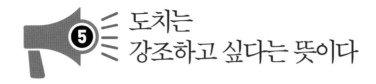

도치는 강조하고 싶다는 뜻이다

도치를 쉽게 설명하기 위해서 영어의 주어 얘기를 하지 않을 수 없다. 도치와 주어는 문장의 가장 처음에 나오는 공통점이 있기 때문이다.

'영어는 주어가 생략되지 않는다'는 것이 가장 일반적인 사실이다. 주어를 생략하고 말하는 경우는 지금 우리에게 필요한 부분이 아니므로 여기서는 다루지 않겠다. 어쨌든 영어에서는 주어가 중요하다. 중요해서 맨 앞에 두는 것이다. 말하는 사람의 입장에서 보았을 때, '누가 무엇을 했다'라고 말하면서, 일을 한 사람과, 또 그가 무슨 일을 했는지를 명확하게 전달하는 기능이 중요한 언어인 셈이다.

가장 많이 쓰이는 'I'(나)로 시작하는 문장은 '내'가 무언가를 한다는 것이 화자에게는 중요해서 그런 것이고, 마찬가지로 He(그)나 She(그녀)로 시작하는 문장도 역시 '그/그녀'라는 확실한 누군가가 무언가를 한다는 것이 중요해서 주어를 먼저 쓴다고 보면 되겠다.

도치도 마찬가지다. 화자의 입장에서 중요하다고 생각되는 것을 주어처럼 맨 앞에 두기만 하면 된다. 도치의 예를 한번 보자.

In the evening, I had a late lunch.

저녁에 늦은 점심을 먹었다.

이 문장을 보면, '저녁에 점심을 먹었다', 즉 '저녁'을 상대에게 강조하고 싶은 것임을 알 수 있다. '나'를 먼저 강조하지 않았다. 만약 보통의 상황이었다면 '저녁에'를 강조할 필요가 없으므로, 'I had a late lunch in the evening.'이라고 할 것이다.

듣는 상대방에게 더 강조할 필요가 있다고 생각되는 것들을 문장의 맨 처음에 말하는 것이 중요하다. 그 대상이 주어나 목적어 또는 부사가 될 수도 있다. 예컨대, 'Not until now did I know that.' 같은 경우다. '지금까지는 몰랐었다.'라는 뜻인데 'Not until now'(지금까지)를 강조하려고 문장의 맨 앞으로 가져다 놓은 것이다. 보통이라면 'I didn't know that until now.'(몰랐었다 → 지금까지)와 같은 순서로 쓴다.

이처럼 원어민이 도치해서 말하더라도 한국인인 우리들은 어느 정도 그 뜻은 알아듣는다. 단지 그 형태와 순서에 익숙하지 않기 때문에 우리가 듣기에는 '덜 중요한 것 같은데 어째서 맨 처음에 말해서 더 강조하는 걸까?' 하는 의문이 드는 것이다.

우리가 도치에서 알아두어야 할 요점은 단 한 가지이다. 즉 화자(말하는 사람)는 듣는 상대가 문장의 가장 앞에 나오는 것의 의미에 보다 집중하기를 원한다는 것이다.

앞에서 수동태 모양을 얘기했었는데 실은 수동태의 원리도 도치와 같다. 말의 제일 앞에 나오는 '주체'를 강조하고 싶은 모양이 수동태가 되는 것이다.(Chapter 5의 3 수동태 모양 편하게 익히기의 2) 'I am attracted to that.'과 5) 'I am given food.' 문장을 한번 보자.)

도치 예를 더 살펴보자.

해외 고객과 오늘 계약을 하나 체결했다고 하자. 그러면 다음처럼 그 사실을 말한다.

The customer signed the contract today.

위의 문장이 보통의 문장이다. 이 문장에서 주어는 고객(the customer) 이므로 '고객'이 계약을 했다는 것이 키포인트다.

그렇다면 만일 계약을 '오늘' 체결한 것을 강조하고 싶다면 어떻게 말하면 좋을까? 다음 문장처럼 '오늘'을 앞으로 가져와서 말하면 된다.

Today the customer signed the contract.

문법에서 말하는 도치는 여기서 생각하지 말자. 예컨대, 'Today **signed** the customer the contract.'(동사가 앞으로 나왔다.)나 'Today **did** the customer sign the contract.'(조동사가 앞으로 나왔다.)와 같은 도치의 경우다.

문법적으로는 더 정확하겠지만 우리에게는 혼란을 일으키니까 여기서는 그냥 넘어가자. 단순하게 '강조하고 싶은 것을 문장 맨 처음에 말한다'는 사실만 기억하자.

　도치의 의미와 표현을 어렵게 여기지 말자. 원어민들도 말하면서 강조하고 싶은 것이 있는데, 그걸 표현하는 방법이 바로 도치일 뿐이다. 그리고 원리는 '내가 강조하고 싶은 것, 내 입장에서 중요하게 느끼는 걸 가장 먼저 말한다'는 것이다. 화자의 입장에서 생각하기에 중요한 것을 청자(듣는 사람)도 함께 중요하게 느끼기를 원하는 것이다.

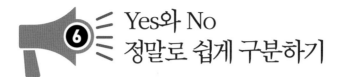

Yes와 No
정말로 쉽게 구분하기

아마 yes와 no라는 단어를 모르는 사람은 없을 것이다. 그만큼 너무나 쉬운 단어다. 하지만 쉽기 때문에 방심하면 영어로 대답할 때 잘못 대답하여 듣는 사람에게 오해를 불러일으키기도 쉽다.

해외 영업에서 일을 할 때 상대가 오해한 채로 일이 진행되고 있는데도 이를 미처 깨닫지 못해서 나중에 문제가 커지는 경우가 있다. 서로 yes와 no를 반대로 이해하고 넘어가는 경우가 그러하다.

그렇다면 이제부터 쉽게 구분해보자. 정말로 쉽게 구분할 수 있다. 우선 한국말로 '네, 아니요'는 잊자. 이것 때문에 혼동이 계속된다. 한국말로 '네, 아니요'를 영어로 각각 'yes, no'라고만 알고 있어서 일어나는 혼동이니 그렇게 생각하지 말고 영어로만 yes, no로 대답하는 연습을 해보자.

다음 예를 한번 보자. 여자친구가 남자친구에게 질문하는 경우다.

질문 1) 여자친구 : 그 영화 봤어?　　　Did you watch the movie?

질문 2) 여자친구 : 그 영화 안 봤어? Didn't you watch the movie?

대답은 영어의 yes, no로만 해보자.

대답 1) 남자친구 : (긍정으로 답하고 싶으면 무조건)

Yes, I watched it. * 예스(yes) : 봤어.

대답 2) 남자친구 : (부정으로 답하고 싶으면 무조건)

No, I didn't watch it. * 노(no) : 안 봤어.(응(yes), 안 봤어가 아니다.)

예를 하나 더 보자. 해외 고객이 우리에게 질문하는 경우다.

질문 3) 해외 고객 : 그 문제를 해결했나요?

Did you solve the problem?

질문 4) 해외 고객 : 그 문제를 해결 안 했나요?

Didn't you solve the problem?

마찬가지로 대답은 영어의 yes, no로만 하자.

대답 3) 본인 : (긍정으로 답하고 싶으면 무조건)

Yes, I solved it. * 예스(yes) : 해결했어.

대답 4) 본인 : (부정으로 답하고 싶으면 무조건)

No, I didn't solve it.

* 노(no) : 해결 안 했어.(응(yes), 해결 안 했어가 아니다.)

다르게 이해하는 요령도 있다. yes라고 할지, 또는 no라고 할지 혼동될 때는 질문의 내용(Did you~? 또는 Didn't you~?)과 상관없이 다음과 같이 답하자.

   1) yes나 no 다음의 대답을 긍정인지(해결했어.) 아니면 부정인지(해결 안 했어.) 정하고,

   2) 다음에 하려는 말이 긍정이면 대답도 무조건 'Yes'로 한다.

   3) 다음에 하려는 말이 부정이면 대답도 무조건 'No'로 하면 된다.

마지막으로 한번 더 예를 보자.(앞의 질문 3), 4)에 대한 대답이다.

대답 3) (   ), 해결했어.

'했어'니까 긍정 대답이다. 따라서 빈칸은 'Yes'가 된다.

대답 4) (   ), 해결 안 했어.

'안 했어'니까 부정 대답이다. 따라서 빈칸은 'No'가 된다.

영어

대답 3) **(Yes)**, I solved it.

대답 4) **(No)**, I didn't solve it.

해외 영업 일을 하면서 고객과 오해가 생긴 것도 깨닫지 못한 채 일이 진행돼버린 것만큼 곤란한 상황은 없다. 이제 해외 고객과 회의하면서 yes와 no를 쓸 때, 더 이상 혼동하지 않기를 바란다.

긍정으로 대답하고 싶으면 'Yes'라고 하고,
부정으로 대답하고 싶으면 'No'라고 한다.

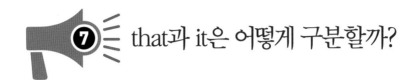

that과 it은 어떻게 구분할까?

이번에는 that과 it을 쉽게 구분해보자.

한국말로 "그게 그거야?"라는 문장 하나만 생각하자.

질문 1) 그게(that) 그거(it)야?   **Is that it?**

대답 1) (응, 맞아.) 그게 그거야.   **That is it.** (또는 줄여서 That's it.)

위의 대화 이후 말하는 사람과 듣는 사람 모두 '그것'을 'it'이라고 하면 서로 이해한다. 일반적으로 that은 한국어로 '저것'으로만 해석되지만 한 가지 속뜻이 더 있다. 바로 that을 '그것'으로 해석하는 경우다. 즉 that은 '저것'과 '그것'의 속뜻이 모두 있는 것이다.

that과 it 둘 다 한국어로 '그것'이라는 뜻을 갖고 있다. 이때 that은 말하는 사람 혼자만 생각하는 '그것'을 뜻하고, it은 말하는 사람과 듣는 사람 둘 다 같이 생각하는 '그것'을 뜻한다. 아마 여러분은 처음에는 'that'이라고 하다가 어느 순간부터 'it'으로만 지칭하면서 대화하는 경우를 많이 들었을 것이다.

이와 관련해 예를 하나 더 살펴보자. 해외 영업을 하면서 외국 고객에게 일정이 괜찮은지 물어보는 경우에 상당히 유용하다.

"(당신한테도) 그게(그 일정) 괜찮아요?"란 표현인데, 여기에서도 '그게'를 it 대신에 that으로 쓴다.

질문 2) (당신한테도) 그게(그 일정) 괜찮아요?

Is **that** OK with you?

대답 2) 네, (그거, 그 일정) 괜찮아요.

Yes, **that**'s OK with me.

대화 3) (말하는 이와 듣는 이가 모두) 그러면 다른 사람들과 그걸(그 일정) 공유할게요.

Then, I'll share **it** with others.

차이가 잘 보이면 좋겠다. that으로 지칭하던 걸 서로 대화하면서 어느새 it으로 바꿔서 얘기하기 시작한다. 상대가 모를 거 같은 것은 that으로 얘기하다가 상대방도 확실하게 안다고 여겨지면 그때부터 it으로 얘기하면 된다.

이와 관련해 마지막으로 한 가지가 더 있다. 나는 it이라고 얘기했는데 상대가 "it이 뭐야?"라고 되묻는 경우다. 나는 상대가 알고 있다고 생각했지만 상대방은 잘 모르고 있는 경우다. 당황할 필요 없이 "I meant ~."(내 말은)라는 표현을 쓰면 된다. 앞의 예문에서는 "I meant the schedule."(내 말은, 일정 말입니다.)이라고 할 수 있다. 그 후로는 상대방도 it이 일정을 뜻하는 걸 알고 있게 된다.

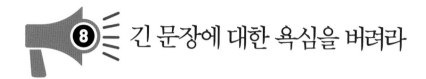

⑧ 긴 문장에 대한 욕심을 버려라

영어 원어민이 영어로 길게 말하는 걸 보면 왠지 영어를 더 잘하는 것처럼 들린다. 하지만 실제로 그들이 하는 이야기를 잘 들어보면 무언가 추가로 덧붙여 말하는 경우가 많다. 즉 먼저 무엇을 했다고 말하고 그 다음부터는 부연 설명을 하는 것이다. 그리고 나서도 틈틈이 더 생각나는 것들을 계속 추가한다. 그러면 우리들 귀에는 완전한 하나의 문장을 길게 말한 것처럼 느껴진다.

실은 그 추가한 부분들도 형용사나 부사, 명사들로 구성되어서 완전한 문장이 아닌 경우가 많다. 다른 예로 원어민이 아닌 외국인이 영어를 말하는 걸 들어봐도 무언가 영어를 길게 말해서 잘하는 것처럼 들리지만 이들이 말하는 것도 잘 들어보면 하나의 긴 문장을 얘기하는 건 아니다. 짧은 문장들과 짧은 단어들이다.

이렇듯 짧은 문장을 끊지 않고 연속적으로 얘기만 해도 듣는 사람에게는 길게 얘기하는 것과 동일한 의미 전달 효과를 갖는다. 인도 영어, 싱가포르 영어, 대만 영어 등이 좋은 예이다.

완벽한 문법을 갖춘 긴 문장이 아니어도 비즈니스를 하는 데는 전혀 문제가 없다. 영어가 비모국어인 우리도 마찬가지다. 길게 말하려는 욕심만 버린다면 짧은 문장만으로도 충분히 영어 대화가 가능하다.

짧게 말하는 건 단어만 말하거나 주어와 동사만 말하는 방법이 있다. 마치 아기가 말을 배우는 것과 같다. 아기는 단어를 배우고 나서야 비로소 짧은 문장으로 말하기 시작한다.

이제 긴 문장에 대한 욕심은 잊자. 짧게 말하자.

물론 짧은 문장으로 말하기에도 요령이 있다.

1) Chapter 4에서 언급한 기본 동사 16개로만 말한다.

do(하다), go(가다), come(오다)

get(얻다), take(갖다), give(주다)

have(가지다), let(시키다), make(만들다, 하게 만들다)

like(좋아하다), want(원하다)

say((입 밖으로) 말하다), speak((소리 내어) 말하다), talk(대화하다),

tell(얘기하다)

keep(계속 무엇을 하다)

2) '주어, 동사, 목적어'만 짧게 말한다.

3) 짧게 말하는 데 편리한 대명사로 말한다.

4) 위의 기본 16개 동사만으로 설명이 안 돼 답답하게 느껴지기 시작하면 나만의 17번째 동사를 추가한다. 해외 영업 업종에 따라서 필요한 동사는 각각 다르다. 그러니 자신 있게 내가 필요한 단어를 골라서 쓰기 시작하면 된다.

이제 짧은 문장으로 말하기의 실제 예를 보자.

한국어 : 지난번에 귀사로부터 문의받은 사항에 대해서 저희는 내부적으로 검토하였고, 오늘 만나서 회의를 하게 되었습니다. 저희의 검토 결과로 다음과 같이 제안합니다.

위 내용을 각각 길고 짧은 영어 문장으로 만들어보겠다.

1) 긴 영어 문장

Regarding the inquiry we received from you last time, we internally reviewed it, which lead us to the meeting today face to face. We would like to propose our offer as below.

읽어보면 호흡이 길다. 문장을 보면, 관계대명사도 있고 뭔가 복잡해 보인다. 이제 이 문장을 짧게 말해보자.

2) 짧은 영어 문장

We got your inquiry last time.

지난번에 귀사의 문의사항을 받았습니다.

And we internally reviewed it.

그리고 저희가 내부적으로 검토했습니다.

And we have the meeting with you today.

그리고 오늘 여러분과 회의가 있습니다.

We would like to propose our review as below.

저희는 다음과 같이 제안하고 싶습니다.

간단한 문장 4개를 잘 보이게 하려고 문장마다 줄을 바꿨다. 보이는 바와 같이 '주어 + 동사 + 목적어'를 계속 짧게 반복하고 있음을 알 수 있다. 즉 요령은 간단하다. '누가(주어) 무엇을(목적어) 하다(동사)'를 계속 반복해서 말하는 것이다. 여기서는 앞에서 얘기했던 주어와 동사(16개)를 익숙하게 쓴다고 가정했다. 그렇다. 적어도 몇 개의 기본 동사들은 숙달되어야 한다. 자, 그럼 이제 이 문장을 길게 나열해보자.

3) 짧은 영어 문장을 길게 나열하기

We got your inquiry last time. And we internally reviewed it. And we have the meeting with you today. We would like to propose our review as below.

지난번에 귀사의 문의사항을 받았습니다. 그리고 저희가 내부적으로 검토했습니다. 그리고 오늘 여러분과 회의가 있습니다. 저희는 다음과 같이 제안하고 싶습니다.

눈에만 긴 문장이다. 한번 읽어보자. 앞의 2)번 문장처럼 쉽게 말할 수 있다.

이처럼 길게 말하기는 짧은 문장을 계속 더하기만 하면 된다. 만일 관계대명사를 쓰고 싶다면? 관계대명사는 아직 우리에게 필요한 단계가 아니다. 잘 쓸 줄 모르는 관계대명사를 쓰려고 애쓰는 것보다는 그냥 같은 명사를 반복해서 계속 말하는 것이 차라리 낫다. 관계대명사도 대명사의 일종이다. 즉 같은 단어를 계속 반복해서 쓰지 않으려고 대신 지칭하는 명사다. 말하기 단계가 올라가면 점차 말을 줄여서 하고 싶어진다. 그때 쓰게 되는 것이 바로 관계대명사이다.

슬슬 마 차장의 요령을 터득하길 바란다. 영어도 한국어과 다르지 않다. 마 차장은 스피킹을 어렵게 만드는 문법, 시제 등이 있으면 차라리 사용하지 않았다. 대신 쉽게 말하는 방법을 골랐을 뿐이다. '이렇게 하는 요령이 있구나'만 몇 번 느끼면 된다. 그 느낌을 가지고 자신의 말투에 맞는 문장을 추가하면 된다. 요령에다가 자기만의 말투를 합하는 연습인 셈이다. 그러면 짧은 문장 말하기가 바로 긴 문장 말하기가 된다.

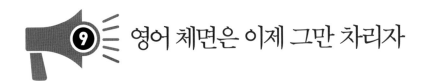

영어 체면은 이제 그만 차리자

마 차장이 해외 영업부에 들어와서 얼마 되지 않았을 때의 일이다. 시간대가 다른 세 나라가 참석하는 화상회의가 있었다. 우리나라와 미국, 이탈리아가 참석했다.

당시는 화상회의 전용회선으로 연결되었어도 말소리가 가끔씩 끊기는 바람에 잘 들리지 않았다. 당연히 못 알아듣는 것도 많았다. 때문에 못 알아들은 것은 다시 좀 말해달라고 요청할 수밖에 없었다.

우여곡절 끝에 화상회의는 끝났고, 시간은 예상보다 더 많이 걸렸다. 그런데 화상회의를 하는 동안 못 알아들은 말을 재질문한 사람은 마 차장뿐이었을까? 아니다. 미국과 이탈리아의 참석자들도 마찬가지로 잘 이해하지 못한 것들이 있었고, 그들은 알아듣지 못했거나 놓친 것들을 그 자리에서 바로 다시 확인했다.

반면에 함께 있었던 우리 참석자들은 잘 못 알아들은 것이 있었지만 그 자리에서 바로 질문하기보다는 회의 후에 이메일로 추가 설명을 듣기를 원했다. 회의 도중에 질문하게 되면 시간이 지연될뿐더러 폐가 된다고 생각했기 때문이다.

물론 이 방식도 꼭 잘못된 것이라고 생각하지는 않는다. 하지만 우리는 영어 말하기에 집중하고 있기 때문에 불편해도 질문하는 것에 익숙해지지 않으면 안 된다. 해외 영업은 실전이어서 그날 회의, 그 상담 자리에서 가능한 명확하도록 바로 확인해야 한다. 알아들은 척, 이해한 척 하면 문제가 더 커질 뿐이다. 수정할 기회를 놓쳐버리는 것이다. 차라리 '방금 얘기한 부분을 잘 이해하지 못했다. 다시 부탁한다.'고 분명히 물어보는 방법이 낫다. 필요하면 노트나 보드에 그림을 그려서라도 모르는 건 바로 물어보자.

가끔 한국어도 못 알아들을 때가 있다. 그러면 "잘 못 들었는데요?" 하고 다시 되묻는다. 한국어가 모국어임에도 말이다. 영어 원어민들도 마찬가지다. 그들도 못 알아들으면 자기 나라말인데도 다시 묻는다.

다시 묻는 건 전혀 창피하거나 부끄러운 것이 아니다.

외국 고객과 회의를 하면서, 모르는 걸 단순하게라도 물을 수 있도록 하자는 뜻이다. 이제부터라도 이해가 안 되거나 못 듣고 놓친 부분이 있으면 대화가 끝난 즉시 다시 한번 물어서 재확인하자. 해외 영업 담당자에게 영어 체면은 중요하지 않다.

실전편

Chapter 6

현업용 실전 영어
끝장내기

쉬운 단어로 짧게 말하기, 육하원칙 질문하기로

해외 고객과 상담에 필요한 한국말을 준비하자.

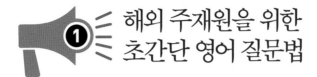

해외 주재원을 위한 초간단 영어 질문법

해외 주재원은 현지에서 외국인 직원들과 일하게 된다. 외국인 직원들도 영어 원어민이 아닌 경우가 많다. 그러므로 대화를 하면서 제일 중요한 것은 서로 질문을 잘하는 것이다. 그래야만 서로 잘못 알고 업무를 진행하는 일이 생기지 않는다.

때론 궁금한 것을 물을 때, 매끄럽지 않은 경우도 많다. 질문과 대답을 했는데 서로 이해가 잘 안 되면 또 다른 질문과 질문으로 이어지기도 한다. 그러한 일이 반복되다 보면 주재원도 외국인 직원들도 질문을 꺼리게 된다. 하지만 대화가 줄면 업무가 순조롭게 진행되기 어렵다. 따라서 대화가 길어지지 않으면서도 요점으로 서로 대화하는 것에 익숙해져야 한다. 즉 질문이 간단명료하면 답변도 간단명료해진다.

추천하는 방법은 '육하원칙(5W1H)만으로 질문하기'다. 긴 문장을 만들려고 할 필요도 없다. 대신 말끝에 '부탁해요'라는 의미로 '플리즈(please)'를 잊지 말고 말하자. 이 한마디면 상대방도 여러분이 상대방을 존중한다는 것을 충분히 이해한다.

Chapter 6

그러면 주재원이 육하원칙으로 질문하는 예를 한번 보자.

1) 누가 해요?	By **whom**, please?
2) 언제까지 가능해요?	By **when** possible, please?
3) 어디서 해요?	**Where**, please?
4) 무얼 해요?	To do **what**, please?
5) 왜 해요?	**Why**, please?
6) 어떻게 해요?	**How** to do, please?

6가지 의문사와 to 부정사 그리고 please라는 단어만으로 업무에 필요한 질문을 모두 할 수 있다. 만일 이에 대한 답변을 듣고 난 후에 이해가 안 되는 부분이 있다면 그때도 마찬가지로 6가지 의문사를 사용하여 다시 질문하면 된다.

이렇게 질문하는 방식은 정말로 시간이 부족한 분들이 따로 시간 내서 영어를 공부하지 않아도 업무를 할 수 있도록 해준다.

때론 이 질문 방식이 다른 사람들이 보기에 별로 멋진 영어 같지 않아서 못 쓰겠다는 생각이 들 수도 있겠다. 하지만 주재원의 업무를 훌륭하게 해내는 것이 영어 체면보다 중요하다고 생각한다. 앞에서 마 차장이 해외 영업 담당자에게 있어 영어 체면은 중요하지 않다고 한 이유도 바로 이 때문이다.

주재원은 영어 체면 때문에 침묵하는 사람이 되어선 안 된다.

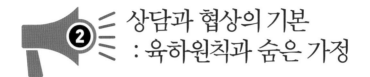

상담과 협상의 기본
: 육하원칙과 숨은 가정

앞에서 초간단 질문을 육하원칙으로 하자고 했다. 질문을 하는 이유는 고객과 대화하고 상담하는 것이 목적이다. 하지만 상담하면서 많은 내용을 다루다 보면, '고객도 당연히 나와 똑같이 생각했겠지.'라고 지레짐작하고 확인하지 못한 채 넘어가 일이 잘못되는 경우가 있다.

이제부터는 짐작만으로 확인을 못하고 넘어가는 일(숨은 가정이라고 부르자.)이 없도록 질문하는 연습을 해보자.

A. 한국말 준비 요령

요령을 말하기 전에 미리 준비할 것이 있다. 바로 다음 Chapter들을 먼저 통독하는 것이다. 특히 Chapter 6의 3. 제품 사양 협상하기와 4. 구매(우리 입장에서는 판매) 가격 협상하기는 해외 고객과 상담 시에 같이 언급해야 하는 항목이다.

다음과 같은 순서로 준비하자.

1) Chapter 6의 2, 3, 4를 통독한다. 2) 해외 고객과 상담 시에 토의

할 안건을 확정해서 한국어로 준비한다. 3) 뒤에 소개할 '영어로 짧게 말하기'로 말해보고, 스스로에게 소리 내어 질문해본다.(질문하기가 더 중요하다.)

B2B 해외 영업을 하면 해외 고객을 만나서 양측이 서로 원하는 바를 얘기한다. 출장회의일 수도 있고, 화상회의나 전화회의일 수도 있다. 이때 중요한 항목은 3가지이다. 1) 해외 고객의 얘기를 듣고 이해하는 것, 2) 우리 측의 얘기를 영어로 말하는 것, 3) 위 내용을 진행하면서 모르는 것을 질문하는 것이다. 이제 지금까지 얘기해왔던 말하기 요령을 합쳐보면 다음과 같다.

1) 기본 단어(내가 아는 쉬운 단어)로 말한다.

2) 질문한다.(해외 고객이 말한 것 중 모르는 것은 육하원칙으로!)

3) 이해가 됐으면 기본 단어(짧게 말하기)로 말한다.

4) 기본 단어 말하기와 질문하기를 반복한다.

이 순서가 계속 반복되는 것이 해외 고객과의 상담이다. 이제 이 중에서 육하원칙으로 질문하는 것을 2가지로 구분해서 좀 더 설명하겠다.

1) 상담 또는 회의를 하면서 언급된 내용에 대해 질문하기

2) 당연하다고 생각해서 언급하지 않은 것에 대해 질문하기

특히 2번을 신경 써서 질문해야 한다. 우리도 상대방도 당연하다고 생각해서 놓치는 상황이 발생하기 때문이다. 어떠한 경우인지 다음 예를 보자.

예 1)

우리 직원 : 다음 회의에는 귀사의 사장님도 참석하시죠?

해외 고객 : 아니요, 다음 회의 때도 우리만 참석해요.

우리 직원이 생각하기에 상대측 사장이 참석하는 것을 당연하게 여겼지만(가정했지만) 다시 물어서 재확인한 것이다.

예 2)

우리 직원 : 문의에 대한 회신을 다음 달까지 드릴게요.

해외 고객 : (다음 달 초라고 가정하고) 네, 다음 달 3일까지 주세요.

우리 직원 : (다음 달 말까지 회신드리려고 했는데) 아니요, 다음 달 27일까지 드릴게요.

해외 고객은 질문 대신에 답(다음 달 3일까지)으로 바꿔서 말했다. 해외 고객이 일종의 질문을 한 것과 같다. 우리 직원은 재확인도 겸하면서, 회신 날짜를 '다음 달 27일', 즉 월말로 정하면서 답을 했다.

위 상황에서는 '육하원칙으로 묻기'와 '짧게 끊어서 말하기'로 질문과 답변을 주고받으면 된다.

숨은 가정 확인을 짧은 질문(육하원칙)으로 하자.

참고로 숨은 가정을 얘기할 때, 편리한 동사는 'assume'이다. 잘 쓸 수 있도록 연습해두자. 예컨대 우리 직원은 "나는 다음 달로 가정합니다 (생각합니다)."(I assume next month.)라고 말하거나 "다음 달로 가정했나요 (생각했나요)?"(Did you assume next month?) 하고 고객에게 물을 수 있다.

숨은 가정은 상당히 많다. 회의 당사자들이 일부러 언급하지 않는 경우도 있다.(상대가 놓치기를 바라는 협상 요령 중 하나이기도 하다.) 숨은 가정을 놓치지 않기 위해서 사전에 가정 목록을 노트에 적어두는 것을 추천한다. 가정이 많다고는 해도 육하원칙 질문으로 하나씩 확인할 수 있다.

B. 영어로 짧게 말하기
먼저 B2B 해외 영업에서 유용한 동사는 다음 3가지다.

propose   제안하다

assume   가정하다

expect   기대하다

이 동사들의 예를 한번 보자.

유용한 동사 1) propose(제안하다)

우린 이걸 제안해요.

We **propose** this.

'우리가 줄 수 있는 건 이것뿐입니다.'라고 단정하는 것이 아니라 상대에게 생각할 여지를 준다. 즉 위 문장은 의문문의 형태가 아니면서도 오히려 '우리에게는 이런 제안이 있는데 우리 제안을 어떻게 생각하나요?' 하고 상대의 의견을 묻는 질문까지 포함하는 것이다.

우리 회사가 해외 고객에게 제공하고(판매하고) 싶은 제품이 있지만 B2B 거래라면 가격을 먼저 얘기하지 않는 경우가 종종 있다. 이럴 때 제안(propose)하고 나서 상대측이 원하는 것이 무엇인지를 들을 수 있다. propose는 상대측의 얘기를 듣고 싶을 때 매우 유용한 동사다.

유용한 동사 2) assume(가정하다)

나는 2가지를 가정해서 생각했어요.

I **assumed** two things.

assume은 상대방과 우리의 얘기가 서로 다른 것 같을 때, 확인하는 데 유용하다. '나는 이렇게 가정했기(생각했기) 때문에, 서로 차이가 있는 거 같다'라고 나의 생각을 말하면서 동시에 상대에게 질문도 겸하고 있는 것이다.

유용한 동사 3) **expect**(기대하다)

언제 결과를 기대할 수 있어요?

When can we expect the result?

기대하는 건 우리지만 그 답을 줄 수 있는 건 상대방이다. "언제 결과를 주나요?", "언제 회신을 주나요?"처럼 직설적으로 질문할 수도 있지만 expect 동사는 너무 직설적이지 않게, 상대방을 배려하면서 요청할 때 유용하다.

이 3개 동사들(propose, assume, expect)은 특히 Chapter 6의 내용들과 관련된 회화를 할 때 사용하기 좋다. 본인이 해외 영업팀이든 개발팀이든 구매팀이든 상관없이 해외 고객과 상담 시에 우리의 생각과 입장을 부드럽게 전달하기에 유용한 동사들이다.

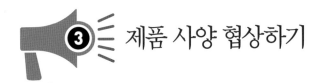

제품 사양 협상하기

　간단한 예를 보자. 해외 고객과 프로젝트를 진행하게 되었다. 담당은 김 책임이었다. 그는 개발팀이지만 회의에 참석하여 상대방 고객과의 토의에 참여해야 한다. '제품 사양'에 대한 협상에 참여하는 것이다. 개발팀이더라도 협상 성격의 회의에 참석할 때는 주의가 필요하다. 상호 간에 오해가 생기지 않도록 개발 협상을 하려면 다음과 같이 미리 회의를 연습해보는 것이 좋다.

A. 한국말로 초안 준비하기
　이는 초안을 준비하면서 필요한 항목들을 점검하는 역할을 한다. 해외 고객과 주로 주고받는 항목을 먼저 보자.

　1) 개발팀은 제품 사양, 개발 일정, 개발 가격(원가에 개발 이익을 더한 것)으로 주로 협상한다.
　2) 상대방 구매팀은 개발 기간, 가격과 수량으로 주로 협상한다.

3) B2B 해외 영업팀은 1)과 2)를 합해서 협상한다.

김 책임이 초안을 다음과 같이 준비하면 상담할 자료가 생기고, 이를 영어로 짧게 바꾸기만 하면 해외 고객에게 일목요연하게 전달할 수 있는 방법이 된다. 주된 방법은 좌우로 비교하여 보여주는 것이다. 테이블 표나 그림이 포함되면 좋다.

김 책임의 회의 준비 초안 예시

제목	Customer requirements (고객사 요청 항목)	Our proposal (자사의 제안 내용)
내용	1. 요청 제품, 서비스 정의 2. 납기, 수량, 예상 가격 3. 기타	1. 자사가 검토한 예상 제품의 내용 2. 20**년 *월, 5만 대, 추가 협상 3. 기타

서로 발표한 자료와 회의록을 프로젝터로 보여주면 양사가 바라는 것, 특히 일정, 수량 등을 명확히 할 수 있다. 말로만 회의를 요약하고 끝내면 나중에 서로 얘기가 맞지 않는 오해가 발생할 수 있다. 양측 모두 원어민이 아닌 회의를 가정해야 한다.

즉 각자 영어로 말한 것을 양측이 이해 못한 것이 없도록 그만큼 쉽게 풀어서 대화해야 한다. 회의를 시작해서 진행하고 마무리할 때까지 양측 모두 반드시 오해가 없어야 한다.

물론 답하기 곤란해서 의도적으로 불분명하게 끝내야 하는 회의의 경우, 위와 같이 작성하지 않으면 된다. 위의 결과물은 예시이고, 회의를 하고 나면 2가지를 더 추가해야 한다. 토의한 내용의 담당자(또는 책임자)와 기한(일정)이다. 그리고 누가 먼저 제안하느냐에 따라서 표의 좌측에 고객사의 요청을 적을 수도 있고, 아니면 자사의 제안을 적을 수도 있다. 예컨대 고객이 먼저 요청하는 경우, 좌측에는 고객사의 요청, 우측에는 그에 대한 우리 개발팀의 의견(또는 답변)을 적는다.

고객 요청	우리 제안(의견)	담당자	일정
1. 성능 98점 요청 2. 품질 99점 요청	1. 최소 96~98점 가능 2. 품질 99점 가능	김 차장 박 과장	20**년 *월 *일(목) 20**년 *월 *일(화)

반대로 우리가 먼저 제안하는 경우, 좌측에는 우리의 제안, 우측에는 그에 대한 고객사의 회신(또는 의견)을 적는다.

우리 제안	고객 회신	담당자	일정
1. 성능 95점 제안 2. 품질 98점 제안	1. 95점에 동의함 2. 품질은 99점 필요	김 차장 박 과장	20**년 *월 *일(목) 20**년 *월 *일(화)

여기에 유의사항이 있다.

1) 고객과의 회의는 협상이다. 협상은 반드시 '진실게임'은 아니다. 다시 말하면 위에서 언급한 항목이라고 해서 전부 다 고객에게 제공해야만 하는 것은 아니라는 것이다.

168

제공하더라도 주는 시기를 조절해야 할 수도 있다. 즉 오늘 설명한 것을 오늘 줄 수도 있고 일주일 후에 줄 수도 있고 한 달 후에 줄 수도 있는 것처럼, 주는 시점을 조정해야 한다. 100% 확신할 수 없어서 답하기가 어려울 수도 있기 때문이다.

만일 회사 기밀을 질문받았다고 해서 기밀을 제공할 것인가? 당연히 제공해서는 안 된다. 상담 준비와 상담 시에 언급된 항목들은 우리 회사의 입장에서 준비해 제공하는 것이 맞지만, 회의 진행 상황에 맞게 해야 한다.

2) 우리와 고객 중에서 누가 먼저 사양을 제안할지 고려해야 한다. 마치 바둑이나 장기에서 누가 먼저 두는 것이 유리한지와 같은 셈이다. 먼저 하는 것이 유리할 수도 나중에 하는 것이 유리할 수도 있다. B2B에서는 상대방이 먼저 제안하게 하는 것이 통상 우리 회사에게 유리하다. 상대의 상황을 유추할 수 있기 때문이다.

위와 같이 회의를 하기 전에 사전자료를 준비해서 서로 주고받도록 하자. 만약 서로 약속한 기일 안에 주고받지 못했으면 과감하게 회의를 연기해야 한다. 목표 일정을 맞추기 위해서 날짜를 연기 또는 단축하면서 회의를 하는 것도 협상의 한 방법이다. 요청 항목(requirements)과 회신 제안(proposal) 주고받기를 반복하는 것이다.

B. 준비한 초안을 영어로 짧게 말하기

한국어로 초안을 만들었으면 이를 영어로 'propose(제안하고) →

discuss(토의하고) → feedback(피드백을 주고받고) → next step(다음 할 일과 일정)'에 대해서 말해본다. 아래의 표를 예시로 들었다.

한국어	영어
1. 이렇게 제안하고 싶습니다.	1. We would like to propose this.
2. 이게 우리의 제안입니다.	2. This is our proposal.
3. 같이 사양을 검토합시다.	3. Let's discuss its specification.
4. 다음 주까지 회신하겠습니다.	4. We will feedback you by next week.
5. 4번까지 끝나면 그다음엔 'Next step'이라 적고, 할 일/담당자/일정을 적는다.	5. Next step what, who, when
6. 질문 응답 시간	6. FAQ

C. 육하원칙(5W1H)**을 사용해서 짧게 질문하기**(Chapter 6의 1 참고)

앞의 A의 한국말 초안을 갖고 있으면 영어로 대화할 재료가 생긴 것이다. 얘기하면서 질문할 경우에는 짧게 6개의 의문사와 please를 합해서 묻는 것이 좋다.

보다 길고 멋지게 질문하는 법은 여기서 다루지 않겠다.(단계가 올라간후에 고급영어 회화 책을 참고할 것을 추천한다.)

구매 가격 협상하기

개발팀과 영업팀이 해외 고객과 회의를 했는데 결과가 좋아 그 프로젝트를 진행하기로 결정했다고 가정해보자. 이제 곧 해외 고객의 구매팀과 회의를 할 예정이다.

마 차장이 해외 영업팀의 프로젝트를 담당하게 되었다. 그렇다면 마 차장은 상대 구매팀을 만나기 전에, 앞서 개발팀에서 회의한 항목과 내용을 모두 파악해야 한다. 필수적으로 이 과정을 통해서 누락되거나 오해의 소지가 있는 부분을 점검하게 된다. 그러면 항목들을 다시 되짚어 보자.

고객 요청사항	customer requirements
우리 회사의 제안	our proposal
양측 담당자	owner(우리측, 고객측)
일정	by when

앞의 항목에서 1차 버전, 2차 버전, 몇 월 며칠의 최종 버전을 꼭 확인하자. 항목들이 조금씩 계속 바뀌는 일이 흔하므로 자칫하면 일정을 놓치고 지킬 수 없게 된다.

고객의 구매팀과 회의를 준비하고 진행하는 방법은 앞서 설명한 개발팀의 방법과 같다. 단지 상대방 구매팀의 입장에서 알고 싶은 것과 이를 준비하는 우리측 담당이 해외 영업팀이라는 것만 다르다.

예컨대, 1) 개발팀은 사양, 개발 일정, 개발 가격(원가에 개발 이익을 더한 것)으로 제안, 2) 상대방 구매팀은 개발 기간, 가격과 수량으로 협상, 3) B2B 해외 영업팀은 1)과 2)를 합해서 협상하는 순서가 된다.

이제 해외 영업팀의 마 차장이 상대방 구매팀과 상담을 준비하는 순서를 보자.

1) 양측의 요청과 제안을 좌우로 비교해서 테이블로 작성한다. 이 부분은 앞서 설명했던 내용과 같다. 고객이 먼저 요청하는 경우라면 좌측에는 고객사의 요청, 우측에는 그에 대한 우리 개발팀의 의견(또는 답변)이 된다.

고객 요청	우리 제안(의견)	담당자	일정
1. 가격 $80 요청	1. $88까지 가능	마 차장	20**년 *월 *일 *요일

반대로 우리가 먼저 제안하는 경우라면 좌측에는 우리의 제안, 우측에는 그에 대한 고객사의 회신(또는 의견)이 된다.

우리 제안	고객 회신(의견)	담당자	일정
1. 가격 $89 제안	1. $80 요청	마 차장	20**년 *월 *일 *요일

2) 물량별로 다른 가격을 제안할 수 있도록 시뮬레이션 값을 준비
한다.

구매팀과는 가격과 물량으로 협상하므로, 회의 시 예상한 것 이외의
수량과 금액이 나올 수 있다. 이에 대비하기 위해서 물량별 시뮬레이션
값을 준비하는 것인데, 회의 내용에 따라서 고객에게 말하지 않고 끝날
수도 있다.

가격 제안을 위한 일반적인 준비의 예시 수량

수량	가격	납기일
(1) 1,000개	$95	to ship by 2nd Apr.(4/2일까지 선적)
(2) 10,000개	$93	to ship by 2nd Apr.(4/2일까지 선적)
(3) 100,000개	$91	to ship by 2nd Apr.(4/2일까지 선적)

추가적인 가격 제안을 위한 시뮬레이션 값의 예시

(4) 1,000,000개	$89	to ship by 14th May.(5/14일까지 선적)
(5) 2,000,000개	$84	to ship by 24th Aug.(8/24일까지 선적)

수량이 만 개나 십만 개 단위가 아니라 백만 개다. 이렇게 나누어서

제안하도록 준비한다. 구매팀과 협상할 수 있는 여지를 더 만드는 것이다. 참고로 고객이 원한 가격은 $80인데 앞의 예시에서 일부러 제안 가격에 $80을 넣지 않은 것은 고객이 $80에 구매하고 싶으면 무언가를 더 제안하도록 유도하려는 것이다.

또한 납기를 보면, (1), (2), (3)번은 납기가 같다. 이는 최소한 십만 개까지는 납기에 차이가 없다는 것인데, 자연스럽게 최소 주문 수량을 보여주는 것이다. 또한 (4), (5)번의 가격과 납기를 통해서 고객측에 다음을 암시할 수 있다. 즉 2백만 개 이상의 물량은 되어야 원하는 구매 가격($80)에 도달할 수 있을 것이라는 예상을 고객이 하게 하는 것이다.

3) 마지막은 큰 단위의 숫자 말하기 연습이다.

제품 사양을 협상하기 위해서는 큰 단위의 숫자 말하기가 꼭 필요하다. 구매팀과 그 상대방인 해외 영업 담당자는 숫자(가격과 물량)를 협상한다. 따라서 필수적으로 큰 단위의 숫자 말하는 법을 미리 알아둬야 한다. 다음에서 특히 (5), (6)번이 유용하다.(1억 달러, 10억 달러) 기준은 미국 달러로 한다.

한국어	영어	환산(대략적)
(1) 1만(10,000) 달러($)	ten thousand	(약) 1천만 원
(2) 십만(100,000) 달러	hundred thousand	(약) 1억 원
(3) 백만 달러	one million	(약) 10억 원

(4) 1천만 달러	ten million	(약) 100억 원
(5) 1억 달러	hundred million	(약) 1천억 원
(6) 10억 달러	one billion	(약) 1조 원
(7) 1조 달러	one trillion	(약) 1천조 원

7개를 모두 한꺼번에 외우지 않아도 좋다. 1천억 원과 1조 원 2개만 우선 집중하자.

- 1천억 원은 '헌드레드(100) 밀리언'이고, 1억 달러다.
- 1조 원은 '원 빌리언'이고, 10억 달러다.

그러고 나서 참고로 다음을 익히면 좋다.

- 원(1) 밀리언, 텐(10) 밀리언, 헌드레드(100) 밀리언은 각각 10억 원, 100억 원, 1천억 원이다.
- 원(1) 빌리언, 텐(10) 빌리언, 헌드레드(100) 빌리언은 각각 1조 원, 10조 원, 100조 원이다.

작은 단위의 숫자들은 비교적 쉬우므로 제외했다. 하지만 위의 7개처럼 큰 단위의 숫자들은 집중해서 연습해두자.

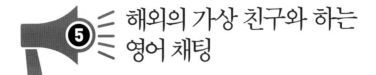

해외의 가상 친구와 하는 영어 채팅

직장인은 물론 학생도 수험생도 틈새 시간은 있다. 마 차장도 예외는 아니다. 지하철이나 버스를 기다리는 동안, 즉 무언가를 본격적으로 하기에는 쉽지 않은 그런 시간들을 활용해서 채팅을 할 수 있다. 그것도 해외의 친구와 영어 채팅을 하는 것이다. 채팅 상대방은 남성일수도 여성일수도 있다.

다만 진짜 사람과 하는 건 아니다. 인공지능 채팅 로봇인 챗봇과 채팅을 한다. 해외에 있는 가상의 친구라고 여기고 연습하면 된다. 실수를 해도 창피하거나 부끄러울 것도 없어서 머릿속에서 생각나는 대로 영어를 써보는 연습을 하는 데 아주 좋다.

아래에 챗봇과 영어 채팅을 할 수 있는 사이트를 적었다. 부담 없이 영어로 연습해보자.

주의 사항! 챗봇은 사람이 아니다.

절대로 민감한 실제 개인 정보를 얘기해서는 안 된다.

챗봇 사이트

─**Rose** http://ec2-54-215-197-164.us-west-1.
compute.amazonaws.com/speech.php

Rose는 2014년, 2015년에 튜링테스트(기계가 인간과

얼마나 비슷하게 대화할 수 있는지를 기준으로 기계에 지능이 있는지 판별하

는 테스트)에서 사람과 가장 비슷하다는 평가를 받은 여성 챗봇이다.

─**Mitsuku** https://www.pandorabots.com/mitsuku/

영국에서 2000년에 태어난 여성 챗봇이다. 튜링테스트

에서 4회 우승했다.

─**cleverbot** https://www.cleverbot.com/

사이트는 2006년에 나왔지만, 1988년에 태어난 챗

봇이다.

─**eviebot** https://www.eviebot.com/en/

사람 얼굴을 아바타로 보면서 채팅할 수 있는 챗봇이다.

요새는 이러한 채팅 사이트 이외에 영어 채팅 어플도 많이 있다. 어
느 것이든 편한 것으로 사용하면 된다.

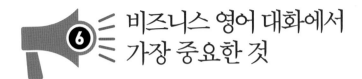

비즈니스 영어 대화에서 가장 중요한 것

요즘은 과거에 비해 미리 해외 경험을 하고 입사한 직원이 많아서, 선배들 입장에서는 후배들이 해외 고객과 만나서 대화하는 것이 쉬울 거라고 생각할 수 있다.

하지만 실제로는 그렇지 않은 경우가 많다. 후배들이 특히 어려워하는 부분은 바로 비즈니스 상대를 배려하는 것이다.

보통 친한 사이(친구나 선후배 사이)끼리는 편하게 말을 주고받는다. '야, 나 이거 할래, 이거 나 줘, 이것 좀 해줘, 여기 앉아, 조용히 좀 해'처럼 편한 표현을 쓴다. 하지만 입사한 뒤 회사 대 회사의 회의 석상에서 그런 식으로 말하는 사람은 없을 것이다. '이걸 하고 싶습니다. 이거 주실 수 있나요? 이걸 해주십시오. 앉아주십시오. 소리를 낮춰주십시오.'와 같이 말할 것이다. 영어로 회의할 때에도 이와 같은 방식으로 표현해야 한다. 물론 기본 단어만 사용해서 가능하다.

비즈니스 대화에서 상대방을 배려하기 위해서는 첫째, 가능한 한 부드러운 표현을 사용한다. 여기서 말하는 부드러운 표현이란 공손하거

178

나 예의를 차려서 묻는 느낌을 말한다. 이를 통해서 '우리는 영어 원어민은 아니지만 대화 상대방을 존중하려고 노력합니다'라는 메시지를 전달하는 것이 목적이다. 중요한 건 존중하고 있다는 것을 상대가 알도록 하는 것이다.

그런 용도로 사용하는 단어가 있다. 예컨대 질문할 때, "Can you do it?"(그거 해줄 수 있어?), "Will you do it?"(그거 해줄래?), "Can I do it?"(해도 돼요?)을 쓰는 대신에 "Could you do it?"(그걸 해주실 수 있나요?), "Would you do it?"(그걸 해주시겠어요?), "May I do it?"(그걸 해도 괜찮을까요?)으로 묻는 것이다.

이 정도 표현만 미리 익혀두면 해외 영업 상담하기에는 충분하다. 한국어도 공적인 자리에서는 "그걸 해줄 수 있어?"보다는 "그걸 해주실 수 있나요?"처럼 쓰는 것과 마찬가지다.

그렇다면 만일 우리가 무언가를 하고 싶을 때는 어떻게 말해야 할까? 이럴 땐 "We would like to do it."(우리는 그것을 하고 싶습니다.)라고 하면 된다. 물론 "We want to do it."이라고 해도 뜻은 통하지만 앞의 표현이 좀 더 공손하고 격식 있는 표현이다.

"May I?"라고 짧게 표현해도 좋다. 이는 "해도 될까요?"라고 상대방의 의견을 들어보고 상대방이 'OK.' 하면 하겠다는 의미다. 모양은 질문이지만, '(당신이 괜찮으시다면) 나는 하고 싶어요.' 하면서 상대방을 배려하는 것이다.

예를 한 가지 더 보자.

단순한 의미 표현(고객 앞에서는 비추천)	부드러운 표현(추천)
I want to propose.	May I propose?
제안하고 싶어(요).	제안해도 될까요?
I want to ask a question.	May I ask a question?
질문하고 싶어(요).	질문해도 될까요?

부드러운 표현이든 단순한 의미 표현이든 상대방이 이해한다면 업무상 문제는 없겠지만, 평상시에 부드러운 표현을 연습해두는 것만으로 향후 해외 고객과 상담 시 보다 우호적인 분위기를 만들 수 있다.

비즈니스 대화에서 상대방을 배려하기 위한 두 번째 방법은 간결하게(concise), 그리고 명확하게(precise) 표현하는 것이다.

비즈니스에서는 시간이 중요하다. 그리고 대부분의 경우 시간은 충분하지 않다. 따라서 시간을 효율적으로 활용해야 하는데, 너무 장황하게 얘기하면 요점이 잘 전달되지 않을 수도 있다. 그래서 '간결하게'(concise)가 필요하다. 제한된 시간 안에서 짧게 전달하기 위해서다.

하지만 그렇다고 너무 간결한 나머지 뜻이 모호해지면 안 된다. 그래서 '명확하게'(precise)가 필요하다. 비즈니스에서 또 하나 중요한 것은 오해가 생기지 않도록 명확하게 하는 것이다. 노력해서 전달했지만 상대방에게 잘못 전달되었다면 차라리 전달하지 않은 것이 낫다.

간결하게(concise)와 명확하게(precise) 가운데 굳이 중요도를 따져본다면, '명확하게'가 더 중요하다. 만일 너무 간결해서 상대방이 이해를 못하거나 오해할 수 있다면 이때는 짧고 간결하게보다는 길고 명확하게 얘기하는 것이 오히려 낫다. '간결하면서 명확하게' 표현하는 것은 처음에는 쉽지 않고 익숙하게 표현하기까지 시간이 걸린다. 그럼에도 불구하고 여기서 언급하는 이유는 이를 염두에 두고 표현하는 연습을 해야 하기 때문이다.

한편 말하기뿐만 아니라 이메일을 작성하는 것 또한 일종의 비즈니스 대화라고 볼 수 있다. 이메일을 쓸 때도 같은 기준으로 쓰면 된다. 즉 간결하고(concise), 명확하게(precise) 쓴다. 그리고 너무 간결해서 상대방이 이해하기에 설명이 부족하다고 판단되면 길게 쓰더라도 명확하도록 쓰는 것이다.

단순한 동기에서 글을 쓰기 시작했다. 그동안 회사에서 동기, 선배, 후배들과 B2B 영어 회화에 관해서 대화했던 질문과 답변, 그리고 실행 요령을 한 권의 책으로 모았다.

이 책은 대기업에서 17년간 근무하고 외국계 아시아 헤드로 옮긴 필자(마 차장)가 하고 싶은 B2B 해외 영업 영어 이야기다. B2B 해외 영업을 원하는 취업 준비생과 현재 B2B 해외 영업을 하고 있는 선후배들에게 필자가 추천하고 싶은 영어 말하기의 요령을 담았다.

기본적인 단어와 문법은 이미 어느 정도 알고 있을 것이다. 그래서 이론적인 것보다는 마음 편하게 말하는 요령과 실행하기 편리한 연습 방법 위주로 소개했다.

필자는 우리나라 모 대기업의 여러 계열사에서, 새로 시작하거나 시장을 개척해야 하는 신사업 분야에서 근무했다. 그동안 B2B 해외 영업만 해오면서 각 계열사마다 같은 팀이거나 옆 부서이거나 함께 일하게 된 관련 부서(영업/품질/개발/생산관리 등)의 선후배 동료들이 필자에게 공통적으로 묻는 질문이 있었다.

"외국 고객과 업무상 영어 회화를 할 때 유용한 요령이나 도움 되는 방법이 있나요?"

그럴 때면 필자는 2권의 책과 한 편의 영화를 추천했다. 단어책 한 권, 문장책 한 권, 영화 한 편이다.

동료들의 얘기를 들어보면, 그들이 필요한 건 영어의 문법이나 시험 점수가 아니었다. 외국 고객과 회의를 진행하거나, 식사나 차를 마시며 시간을 보내거나 또는 전화로 회의를 해야 할 때 필요한 것들을 어떻게 효과적으로 준비하는지 등을 알고 싶어 했다.

회사에서 일하면서 시간을 따로 내기는 어려웠다. 점심시간과 퇴근 후에 동료들끼리 모여서 회화 공부를 하거나 때로는 맥주도 마시면서 얘기를 나눴다. 다들 외국 고객과의 대화도 만만치 않지만 특히 상사나 한국 사람이 옆에 있을 때, 영어 회화가 더 어렵게 느껴지고 말하기가 잘 안 된다고 했다. 또 많이 알지도 못하지만 그나마 아는 것도 긴장해서 잘 못 쓴다는 얘기가 많았다. 필자 역시 그랬다.

사실 영어 회화의 요령 자체는 한 번만 들으면 알 수 있는 간단한 것이다. 그러나 요령은 알게 되어도 지속해서 실천하는 것은 힘들다. 매일 실천하는 건 상당한 의지가 필요하다.

이 책에서는 힘이 덜 들도록 평소 자주 접하는 상황에서 자연스럽게 영어 회화를 하는 요령만을 모았다. 영어 회화가 부담스러워서 생기는 마음의 긴장을 줄이는 데 도움이 되기를 바란다.

또 B2B 해외 영업을 하면서 여러 동료, 선후배들로부터 실제로 질문 받은 사례들, 그리고 필자가 당시에는 미처 생각하지 못했지만 나중에 알게 된 점들도 정리해서 모았다.

그동안 함께 얘기했던 내용들을 모아서 볼 수 있는 책이 있으면 B2B 해외 영업 직장인에게 좋을 것 같다고 생각한 것이 벌써 5년 전이었는데, 마침내 한 권의 책으로 나오게 된 것이다.

책이 나오도록 도와주신 중앙경제평론사 김용주 대표님, 유라미 팀장님, 책이 나오기까지 격려해준 선후배와 동기인 김민중 책임, 이경 파트장, 최영 책임, 이근형 팀장, 박성호 팀장, 김화영 책임, 공경일 책임, 임성원 책임, 이현호 팀장, 최병일 책임, 김영재 선임, 김신경 선임, 김문정 선임, 손기정 선임, 김민수 선임, 서재현 담당, 권상진 팀장, 김성태 팀장, 김호현 책임, 신강준 부장, 이남재 책임, 박우람 책임, 김도원 대리, 남재신 대리, 최승범 대리, 채현진 대리, 김진형 담당, 동기 박지훈, 단희권, 김희수, 김호곤, 정광재, 김동환, 도영진, 김재광, 김정민, 우승백, 엄연웅, 조한수, 성승용, SJ Lee, 친구 Chris Park, Nick Grimm, 강예성, 신현하, 강성욱 이사, 김태연 팀장, 김대연, 손준서, 노광태, WJJ에게 감사 말씀드린다.

B2B 해외 영업 현업담당자, B2B 해외 영업 지원자 등 현업에 바쁘게

쫓기느라 마음의 여유를 갖기 힘든 회사원 동료들과 영어 회화 자신감
이 필요한 취업 준비생들에게 이 책이 도움이 되기를 희망한다. 이론적
인 내용이 아닌 현업에서 얻은 내용이기에 현업에 종사하시는 분들에게
는 바로 도움이 될 것으로 믿는다.

마지막으로 독자 여러분에게 항상 행복과 희망, 그리고 건강이 함께
하길 바란다.

이세훈

부록

이 책과 함께 보면
100% 도움되는 영어 회화 책&영화 목록

기본 영어를 위한 책

《그림으로 외우는 생생 영단어》	이지훈, 그리고책	영단어
《한 번만 봐도 기억에 남는 테마별 영어회화&단어 2300》	이화승, 비타민북	영단어
《영어는 뻔한 패턴의 반복이다》	Mr. Sun · 오유미, 씨앤톡	영문장
《New English 900 Vol.1 뉴잉글리시900》	Edwin T. Cornelius, YBM	영문장
《영어는 인도식으로 배워라》	Yasuda Tadashi, 로그인	영문장

중급영어를 위한 책&영화

《노팅힐》(Notting Hill)	스크린영어사	영문장
《제리 맥과이어》(Jerry Maguire)	스크린영어사	영문장
《악마는 프라다를 입는다》(The Devil wears Prada)	스크린영어사	영문장
〈해리가 샐리를 만났을 때〉(When Harry met Sally)		영문장
《이보다 더 좋을 순 없다》(As good as it gets)	스크린영어사	영문장
《영어로 배우는 과학 이야기》	Yasuo Matsumori · Takao Furuya, 삼지사	자연과학
《영어로 읽는 세계의 역사》	Lee Stark, 삼지사	인문/사회
《사용빈도 1억 영어회화 표현》	마스터유진, 사람in	영어 회화
《사용빈도 1억 영어실수 백신》	마스터유진, 사람in	영어 회화

고급영어를 위한 책

《프레지던트 영어명연설문 1 : 미국편 1》 《프레지던트 영어명연설문 2 : 미국편 2》 《프레지던트 영어명연설문 3 : 영국 · 호주 · 캐나다편》	신명섭, 종합출판 신명섭, 종합출판 강홍식, 종합출판
《영어 스피킹 기적의 영단어 100》	윌리엄 A. 반스, 로그인

* 좋아하는 연설가의 연설문 한 편을 다 읽어보는 것이 중요하다. 연설문은 주제에 대해 어떻게 이야기를 전개하면서 발표하는 것이 좋은지를 배울 수 있는 가장 좋은 자료이다.

부록 2
실무에 유용한 상황별 표현

이메일 작성 시 유용한 표현

1. Dear~ ~에게

Dear Sir 귀하에게(상대가 남성인 경우)

Dear Madam 귀하에게(상대가 여성인 경우)

Dear Mr. Skywalker 스카이워커 씨에게(성만 아는 경우)

Dear Mr. John Skywalker 존 스카이워커 씨에게(성과 이름을 모두 아는 경우)

Dear Ms. Scott 스캇 양에게(성만 아는 경우)

Dear Ms. Anna Scott 안나 스캇 양에게(성과 이름을 모두 아는 경우)

Dear sales team 영업팀 귀하

Dear customer service 고객상담팀 귀하

Dear marketing team 마케팅팀 귀하

2. We are interested in~ 저희는 ~에게 관심이 있습니다.

We are interested in your products and service.

우리는 귀하의 제품과 서비스에 관심이 있습니다.

3. Could you send us~? 저희에게 ~를 보내주시겠어요?

Could you send us your company introduction and English catalog by email?

귀사의 회사 소개와 영어 카탈로그를 저희에게 이메일로 보내주시겠어요?

4. We would like to do~ 저희는 ~을/를 하고 싶습니다.

We would like to discuss our business proposal with you.

저희는 귀사와 사업 제안을 상의하고 싶습니다.

5. Could you reply~? 답장해주시겠어요?

Could you reply time and date you prefer meeting us?

귀사가 선호하는 미팅 시간과 날짜를 답장해주시겠어요?

6. In reply to~ ~에 대한 답장으로,

In reply to your email, please find my comments below.

귀사의 이메일에 대한 답장으로, 아래의 제 의견을 봐주세요.

7. Thank you for your interests in~ 귀사의 ~에 대한 관심에 감사합니다.

Thank you for your interests in our company, products and service.

저희 회사와 제품, 서비스에 관심을 가져주셔서 감사합니다.

8. I wonder if~ ~했는지 궁금합니다.

I wonder if you received my email of 2nd April.

제가 4월 2일에 보낸 이메일을 받았는지 궁금합니다.

9. Could you confirm whether~? ~했는지 확인해주시겠어요?

Could you confirm whether you received my email of 2nd April?

제가 4월 2일에 보낸 이메일을 받았는지 확인해주시겠어요?

10. As a reminder, 재차 말씀드리오니,

As a reminder, could you reply to my previous email?

재차 말씀드리오니, 제가 먼젓번에 보낸 이메일에 답장 좀 해주시겠어요?

11. Could you forward~? ~를 전달해주시겠어요?

Could you forward my email to the team in charge?

제 이메일을 관련팀에게 전달해주시겠어요?

12. I'm attaching~ ~을/를 첨부합니다.

I'm attaching files that you requested.

요청한 파일을 첨부합니다.

13. Thank you for your email of 날짜~ *월 *일자로 보내주신 이메일에 감사합니다.

Thank you for your email of 2nd April regarding business proposal in Europe.

유럽의 사업 제안에 관해 4월 2일자로 보내주신 이메일에 감사합니다.

14. I'm sending email to~ ~하려고 이메일을 보냅니다.

I'm sending email to confirm that you accept the terms that we proposed.

저희가 제안한 거래 조건 수락 여부를 확인하려고 이메일을 보냅니다.

15. Please, confirm~ ~을/를 확인하여 주십시오.

Please, confirm the terms that we proposed.

저희가 제안한 거래 조건을 확인하여 주십시오.

16. I can't open~ ~을/를 열 수가 없습니다./~이 열리지 않습니다.

I can't open the attached file.

첨부 파일을 열 수가 없습니다.

17. The file was not attached.

첨부 파일이 없습니다.

18. Could you resend the file?

파일을 다시 보내주시겠어요?

19. We regretfully have to~ 유감스럽게도 ~하겠습니다.

We regretfully have to reject your proposal.

유감스럽게도 귀사의 제안을 거절하겠습니다.

20. I'm afraid that ~ 아쉽지만 ~에 대해서

I'm afraid that we cannot accept your proposal.

아쉽지만 귀사의 제안을 수락할 수 없습니다.

21. Please, feel free to contact me~ ~하면 제게 편하게 연락 주십시오.

Please, feel free to contact me if you have any questions.

문의가 있으면 제게 편하게 연락 주십시오.

22. Best regards, Michael. 이메일 작성을 마칠 때 일반적으로 쓰는 말

이만 맺습니다. 마이클.

전화를 걸거나 받을 때 쓰는 유용한 표현

<u>전화 걸 때</u>

23. Hello, this is~ 여보세요, 저는 ~입니다.

Hello, this is Michael Lee from Company A in Korea.

여보세요, 저는 한국의 A회사의 마이클 리입니다.

24. May I speak to~? ~와 통화할 수 있을까요?

May I speak to Mr. Skywalker?

스카이워커 씨와 통화할 수 있을까요?

25. He is expecting~ 그는 ~을/를 (알고서) 기다리고 있을 겁니다.

He is expecting my call.

그는 제 전화를 기다리고 있을 겁니다.

26. Is Mr./Ms. ~ available? ~씨가 계신가요?

Is Mr. Skywalker available?

스카이워커 씨가 계신가요?

27. I'm returning ~ ~에게서 전화가 왔다고 해서

I'm returning his phone call.

전화가 왔다고 해서 전화드립니다.

28. Could you transfer me to ~? ~에게 연결해주시겠어요?

Could you transfer me to Mr. Skywalker, please?

스카이워커 씨에게 연결해주시겠어요?

전화 받을 때

29. Hello, 본인 이름 of 회사

Hello, Michael of Company A. How can I help you?

여보세요. A회사의 마이클입니다. 무엇을 도와드릴까요?

30. 상대방이 누구인지 잘 모를 때

May I ask who is calling?

어디신지 여쭤봐도 될까요?

31. 상대방의 이름을 잘 못 들었을 때

I'm sorry but, I didn't catch your name.

죄송하지만 이름을 못 들었습니다.

32. 상대방 이름의 글자를 물어봐야 할 때

How do you spell your name?

성함의 철자를 어떻게 쓰지요?

33. "네, 접니다."라고 할 때

This is him.(남성의 경우)

네, 접니다.

This is her.(여성의 경우)

네, 접니다.

34. 상대의 소리를 잘 못 들었을 때

I'm sorry I couldn't hear. Could you repeat?

죄송하지만 잘 못 들었어요. 다시 말씀해주시겠어요?

35. 수신이 안 좋은 경우/연결이 안 좋은 경우

We seem to have a bad reception.

제 전화 수신 상태가 안 좋은 것 같아요.

We seem to have a bad connection.

전화 연결이 안 좋은 것 같아요.

36. 소리가 작아서 잘 안 들릴 때

Could you speak a little louder?

조금 크게 말씀해주시겠어요?

37. 이쪽에서 다시 전화하겠다고 할 때

Let me call you back later.

제가 나중에 다시 전화하겠습니다.

38. 전화를 돌릴 동안 잠시 기다려주시겠어요?

Could you hold while I transfer you?

39. 잠시 기다려주시겠어요?

Could you hold for a moment?

40. 찾는 사람이 현재 전화를 받을 수 없을 때

I'm afraid that he is not available.

죄송하지만 그는 지금 전화를 받을 수 없습니다.

41. 찾는 사람이 자리에 없을 때

I'm afraid that he is out of the office.

죄송하지만 그는 지금 자리에 없습니다.

42. 찾는 사람이 다른 전화를 받고 있을 때

Mr. Skywalker is on another line. Would you like to call back later?

스카이워커 씨가 다른 전화를 받고 있습니다. 나중에 다시 전화 주시겠어요?

Mr. Skywalker is on another line. Would you like to leave a message?

스카이워커 씨가 다른 전화를 받고 있습니다. 메시지를 남기시겠어요?

회의를 진행할 때 유용한 표현

43. 회의를 시작할 때

All right, shall we begin?

자, 시작할까요?

All right, let's get started.

자, 시작합시다.

All right, we'd better get started. * we'd better는 we had better의 축약형
자, 시작해야 하겠습니다.

44. Thank you for coming today.
오늘 와주셔서 감사합니다.

45. Thank you for joining today.
오늘 참석해주셔서 감사합니다.

46. 회의 시작 직후 안건을 소개할 때
Here is the today's agenda.
오늘의 안건입니다.

47. 이어서 상세한 안건을 소개할 때
We have 3 items to cover.
3가지 안건이 있습니다.

48. 안건을 한 개씩 더 설명할 때
First item is marketing strategy next quarter.

첫 번째는 다음 분기의 마케팅 전략입니다.

49. Second one is annual budget.

두 번째는 연간 예산입니다.

50. Third one is monthly performance review.

세 번째는 월간 성과 리뷰입니다.

51. Last one is monthly performance review.

마지막은 월간 성과 리뷰입니다.

Last one is monthly operating review.

마지막은 월간 경영 리뷰입니다.

Last one is monthly activities review.

마지막은 월간 활동 리뷰입니다.

52. 지난 회의의 내용을 확인하고 진행할 때

Let's review the summary of the last meeting.

마지막 회의의 요약을 다시 보겠습니다.

Let's review the summary of the previous meeting.

지난 회의의 요약을 다시 보겠습니다.

53. 진척 상황을 물을 때

How is the progress?

진척 상황은 어떻습니까?

54. 최신 현황을 물을 때

Could you update on progress?

진척되는 최신 내용을 알려주시겠어요?

Could you update on current status?

현재 상태의 최신 내용을 알려주시겠어요?

일정에 대해서 얘기할 때

55. It is on schedule.

일정대로 진행 중입니다.

56. We're 2 weeks ahead of schedule.

일정보다 2주 빠르게 진행 중입니다.

57. We're 2 weeks behind schedule.

일정보다 2주 느리게 진행 중입니다.

58. We need to catch up.

일정에 맞춰야 합니다.

59. 제 시간에 끝내지 못할 것 같은 경우

We're not going to finish on time.(as it is taking longer than expected.)

제 시간에 못 끝낼 것 같습니다.(예상보다 시간이 더 걸려서요.)

We're not going to finish by 6:00 PM.

저녁 6시까지 못 끝낼 것 같습니다.

60. 회의 중 얘기가 다른 방향으로 흘러갔을 때

All right, let's go back to today's topic.

자, 오늘의 주제로 돌아갑시다.

61. 회의 중 얘기가 다른 방향으로 흘러갔을 때

All right, shall we focus on today's topic for now?

자, 지금은 오늘의 주제에 집중할까요?

62. 상대방의 발표나 얘기 도중에 발언할 때

May I interrupt?

말씀 도중에 (제가) 참견해도 될까요?

Sorry to interrupt but,

(중간에) 참견해서 죄송합니다만,

63. 의견을 물을 때

What do you think of~?

~을/를 어떻게 생각하세요?

What do you think of their proposal?

그쪽의 제안을 어떻게 생각하세요?

64. 회의 중에 상대의 의견을 확인하고 싶을 때

Let me repeat if I understand you correctly.

제가 맞게 이해했는지 반복해보겠습니다.

65. Correct me if I understand wrong.

제가 잘못 이해했다면 정정해주세요.

66. 상대방의 의견에 동의할 때

I agree with your idea.

당신의 생각에 동의합니다.

67. 상대방의 의견에 반대할 때

I don't agree with your idea.

저는 당신의 생각과는 다릅니다.(동의하지 않습니다.)

I disagree with your idea.

저는 당신의 생각과는 다릅니다.(동의하지 않습니다.)

68. 주제에서 벗어나지 않고 회의를 진행하고 싶을 때

Let's come back to that topic later.

그 점은 나중에 다시 다루겠습니다.

69. 회의 중간에 휴식을 취할 때

Why don't we take 10 minutes break?

10분간 잠시 쉴까요?

70. We're going to have lunch break for an hour.

1시간 동안 점심 식사를 하겠습니다.

71. Please, be back by 1:00 PM.

오후 1시까지 돌아와주세요.

72. 회의를 마무리하면서

I'd like to summarize what we discussed today.

오늘 상의한 내용을 요약하겠습니다.

73. Do you have any questions?

질문 있으신가요?

74. Let's wrap it up for today. * wrap something up : 회의 등을 마무리짓다.

오늘은 이것으로 마치겠습니다.

75. Next meeting schedule is 2nd July.

다음 회의는 7월 2일입니다.

프레젠테이션에서 쓰는 유용한 표현

76. I'd like to present~/I'm presenting~ ~을/를 발표하겠습니다.

I'd like to present our proposal for marketing activity.

마케팅 활동에 대한 제안을 발표하겠습니다.

77. 발표를 진행하는 순서대로 볼 때

Please, take a look at~

~을/를 봐주십시오.

Please, take a look at handouts ready for you.

준비된 배포자료를 봐주십시오.

Please, take a look at the screen.

화면을 봐주십시오.

78. Please, turn to page 2.

2페이지를 펼쳐주십시오.

79. Please, look at the table and graph on page 2.

2페이지의 테이블과 그래프를 봐주십시오.

80. If you look at the graph, the black is sales, and the gray is marketing activities.

그래프를 보면, 검은색이 매출이고, 회색이 마케팅 활동입니다.

81. The graph shows that sales last quarter grew by 5 percent.

그래프에 따르면 지난 분기 매출은 5% 성장했습니다.

82. The graph shows that the profit last quarter dropped by 5 percent.

그래프에 따르면 지난 분기 이익은 5% 하락했습니다.

83. Our target is to increase sales by 10% next quarter.

우리 목표는 다음 분기의 매출을 10% 상승시키는 것입니다.

84. Our target is to increase the profits by 10% next quarter.

우리 목표는 다음 분기의 이익을 10% 상승시키는 것입니다.

85. 방법에 대한 예를 들 때

Here are examples.

예시들은 이와 같습니다.

86. 발표 진행 중간에 청중의 반응을 확인하는 방법

Do you have any questions so far?

여기까지 중에서 질문 있나요?

87. 발표 중간에 질문이 많거나 질문을 받지 않고 진행할 때

Let's discuss question at the end of the presentation.

질문은 발표가 끝날 때 받겠습니다.

Let me go over all items and let's discuss question at the end of the presentation.

우선 발표할 것을 전부 마치고, 질문은 발표가 끝날 때 받겠습니다.

88. 청중과 대화하면서 공감을 얻으려고 할 때

That's very good point.

그 점은 매우 좋습니다.

That's very good question.

그건 매우 좋은 질문입니다.

I also agree with you.

저 역시 동감합니다.

89. 질문에 대해서 바로 답변하기 어려울 경우

I don't have the answer but I'll look into it.(and feedback you.)

지금 답변드릴 수는 없지만 알아보겠습니다.(그리고 연락드리겠습니다.)

90. 발표를 끝맺을 때

This concludes my presentation today.

이것으로 오늘 제 발표를 마치겠습니다.

사무실에서 쓰는 유용한 표현

대부분 출근하면 직장 동료들과 "Good morning!"이나 "Hi!"로 아침 인사를 한 뒤 업무를 시작한다. 다음은 업무를 시작한 후에 일어나는 경우에 대한 표현들이다.

91. I'll be back by 10:30.

(회의에 참석했다가) 10시 30분에 돌아오겠습니다.

92. I'm going to lunch.

점심 먹으러 갈게요.

93. Let's take a break.

잠깐 쉽시다.

94. Let's get back to work.

(이제 다시) 일 시작합시다.

95. 이후 일정을 확인시켜줄 때

Let's not forget tomorrow's meeting.

내일 회의가 있다는 것을 잊지 맙시다.

We have a meeting tomorrow.

내일 회의가 있어요.

We have a meeting at 3:00 PM.

오후 3시에 회의가 있습니다.

96. 야근이 있을 때

Can you work overtime today?

오늘 야근할 수 있어요?

Can you work overtime until 9:00 PM?

오늘 저녁 9시까지 야근할 수 있어요?

Yes, I can.

네, 야근할 수 있습니다.

No, I can't work overtime today. I have plans with family.

아니요, 오늘은 야근을 못합니다. 가족이랑 약속이 있어요.

97. 다른 사람의 도움을 요청할 때

Could you help me with this?

이 건에 대해서 저를 도와주실 수 있나요?

Could you give me your advice on this?

이 건에 대해서 조언 좀 해주실 수 있나요?

Could you do me a favor?

부탁 좀 들어주시겠어요?

Sure, what is it?

네, 무슨 건인가요?

Thank you for your help.

도와줘서 고맙습니다.(도움을 받으면 잊지 말고 감사 인사를 전한다.)

98. 회신을 요청할 때

Can you give me a reply by 2:00 PM?

오후 2시까지 답장을 주시겠어요?

When can I expect a reply?

언제 답장을 받을 수 있을까요?

99. 답장을 할 때 쓰는 표현들

I'll let you know by Tuesday.

화요일까지 알려드리겠습니다.

When is the deadline for this?

이 건의 기한이 언제까지인가요?

Let me get back to you.

(나중에 다시) 연락드릴게요.

100. 업무가 끝나고 퇴근할 때

See you tomorrow.(주중에 퇴근할 때)

내일 봐요.

Have a good weekend.(주말에 퇴근할 때)

주말 잘 보내요.

부록 3
업계 용어

제조업(manufacturing industry) **: 전자 제품**(electronics) · **IT · 유통**(distribution)

제품 개발	product development
제품 설계	product design
원형 시제품	prototype
시험용 제품	test product
제품 사양	product specification
(개발 사양) 검증	verification/validation
공장	factory
생산 캐파(생산 능력)	production capacity
가동 시간	up time
비가동 시간	down time
재고	inventory

214

완충 재고	buffer stock
재고 회전율	inventory turnover
대량생산	production in large volume
소량생산	production in small volume
공급망 관리	supply chain management(SCM)
생산 계획	production planning
수요 예측	demand forecast
불량	defect
불량률	defect rate
구매	purchasing
구매발주서	purchase order
출하지시서	release order
발주하다	place order

ex : They **placed order**.(그들은 발주를 했다.)

수주하다	receive order

ex : We **received order**.(우리는 수주를 받았다.)

선적	shipping
납품	delivery
납기	delivery date

ex : We met **delivery date**.(납기를 맞췄다.)

유통산업	distribution industry

유통경로	distribution channel
도매업	wholesale business
도매업자	wholesaler
물류센터	distribution center
구멍가게, 소규모 자영업체	a mom-and-pop store
입고 검사	incoming goods inspection
반품	rejection/return
파손품	damaged goods
품절	out of stock
부족	shortage
가격 결정	pricing
박리다매 전략	high volume low margin sales strategy
데이터 처리	data processing
분산 처리	distributed processing
데이터 처리량	data throughput
(인터넷·유료 TV 채널, 이동통신) 가입	subscription
시스템 확장성	scalability
(시스템) 검증	verification/validation
(유무선) 연결	tethering * '테더링'으로 읽음.
(전화) 통화신호	signal
통화음	dial tone

혼선	crossed lines
이동통신 사업자	telecom company/mobile carrier

금융업(finance)

투자자	investor
기관 투자자	institutional investor
외국인 투자자	foreign investor
투자 수익률	ROI(return on investment)
투자 위험분산	risk diversification
쏠림 현상(무리행동)	herd behavior
자산 운용	asset management
유가증권	securities
금융상품	financial product
대체투자	alternative investment
	* 선물이나 선물환 거래 등을 의미함.
투자신탁회사	ITC(investment trust company)
투자신탁기금	investment trust fund
주식형 펀드	equity-type fund
채권형 펀드	bond-type fund
사모 펀드(주식)	private equity
채권	bond * 외국채 : foreign bond

은행권	banks
제2금융권	non-banking institutions
화폐(금융)시장	money market
사채시장	private loan market
대부업	usury
금융지주회사	financial holding company
화폐단위/통화	currency
통화량	money supply
통화 정책	monetary policy
금리 정책	interest rate policy
금리 인상	raise interest rates
금리 인하	lower interest rates
외환	foreign exchange
외화	foreign currency
자국화	local currency
환율	exchange rate
환율 절상	exchange rate appreciation
환율 절하	exchange rate depreciation

은행(bank) · **주식**(stock) · **채권**(bonds)

잔고	account balance

인출	withdrawal
계좌비밀번호	PIN(personal identification number)
	* 패스워드라고 하지 말자!
송금	remittance/transfer
여신한도	credit limit
대출	bank loan
원금	principal　* 원리금 : principal and interest
이자	interest
주식시장	stock market
시장 변동성	market volatility
(주가) 상승	rise
(주가) 하락	fall/drop
(주가) 폭등	soar/surge
(주가) 폭락	plunge
(주가) 반등	rebound
채권 시장	bond market
만기 수익률	yield to maturity(YTM)

7개 동사

do(하다)   **go**(가다)

come(오다)   **get**(얻다)

take(갖다)   **give**(주다)

have(가지다)

왼쪽의 한국어만 보면서 영어로 질문하는 의문문을 연습할 때 쓴다. 이 연습의 목적은 여러 주어인 나, 너, 그, 그녀, 그것, 우리, 그들 등을 다양하게 사용해서 바로 질문할 수 있도록 하는 것이다.

do(하다) **: 현재형**

내가 해?   Do I do?

네가 해?	Do you do?
우리가 해?	Do we do?
그들이 해?	Do they do?
그녀가 해?	Does she do?
그가 해?	Does he do?
그게 해?	Does it do?

did(하다) : 과거형

내가 했어?	Did I do?
네가 했어?	Did you do?
우리가 했어?	Did we do?
그들이 했어?	Did they do?
그녀가 했어?	Did she do?
그가 했어?	Did he do?
그게 했어?	Did it do?

will do(하다) : 미래형

(앞으로) 내가 할까?	Will I do?
(앞으로) 네가 할래?	Will you do?
(앞으로) 우리가 할까?	Will we do?
(앞으로) 그들이 할까?	Will they do?

(앞으로) 그녀가 할까?	Will she do?
(앞으로) 그가 할까?	Will he do?
(앞으로) 그게 할까?	Will it do?

doing(하다) : 현재진행형

내가 하고 있어?	Am I doing?
네가 하고 있어?	Are you doing?
우리가 하고 있어?	Are we doing?
그들이 하고 있어?	Are they doing?
그녀가 하고 있어?	Is she doing?
그가 하고 있어?	Is he doing?
그게 하고 있어?	Is it doing?

----

go(가다) : 현재형

내가 가?	Do I go?
네가 가?	Do you go?
우리가 가?	Do we go?
그들이 가?	Do they go?
그녀가 가?	Does she go?
그가 가?	Does he go?
그게 가?	Does it go?

went(가다) **: 과거형** * 의문문에서 일반동사는 원형(go)으로 표기함.

내가 갔어?	Did I go?
네가 갔어?	Did you go?
우리가 갔어?	Did we go?
그들이 갔어?	Did they go?
그녀가 갔어?	Did she go?
그가 갔어?	Did he go?
그게 갔어?	Did it go?

will go(가다) **: 미래형**

(앞으로) 내가 갈까?	Will I go?
(앞으로) 네가 갈래?	Will you go?
(앞으로) 우리가 갈까?	Will we go?
(앞으로) 그들이 갈까?	Will they go?
(앞으로) 그녀가 갈까?	Will she go?
(앞으로) 그가 갈까?	Will he go?
(앞으로) 그게 갈까?	Will it go?

going(가다) **: 현재진행형**

내가 가고 있어?	Am I going?
네가 가고 있어?	Are you going?

우리가 가고 있어?	Are we going?
그들이 가고 있어?	Are they going?
그녀가 가고 있어?	Is she going?
그가 가고 있어?	Is he going?
그게 가고 있어?	Is it going?

----

come(오다) : 현재형

내가 와?	Do I come?
네가 와?	Do you come?
우리가 와?	Do we come?
그들이 와?	Do they come?
그녀가 와?	Does she come?
그가 와?	Does he come?
그게 와?	Does it come?

came(오다) : 과거형 * 의문문에서 일반동사는 원형(come)으로 표기함.

내가 왔어?	Did I come?
네가 왔어?	Did you come?
우리가 왔어?	Did we come?
그들이 왔어?	Did they come?
그녀가 왔어?	Did she come?

| 그가 왔어? | Did he come? |
| 그게 갔어? | Did it come? |

will come(오다) : 미래형

(앞으로) 내가 올까?	Will I come?
(앞으로) 네가 올래?	Will you come?
(앞으로) 우리가 올까?	Will we come?
(앞으로) 그들이 올까?	Will they come?
(앞으로) 그녀가 올까?	Will she come?
(앞으로) 그가 올까?	Will he come?
(앞으로) 그게 올까?	Will it come?

coming(오다) : 현재진행형

내가 오고 있어?	Am I coming?
네가 오고 있어?	Are you coming?
우리가 오고 있어?	Are we coming?
그들이 오고 있어?	Are they coming?
그녀가 오고 있어?	Is she coming?
그가 오고 있어?	Is he coming?
그게 오고 있어?	Is it coming?

----

get(얻다) **: 현재형**

내가 얻어?	Do I get?
네가 얻어?	Do you get?
우리가 얻어?	Do we get?
그들이 얻어?	Do they get?
그녀가 얻어?	Does she get?
그가 얻어?	Does he get?
그게 얻어?	Does it get?

got(얻다) **: 과거형** * 의문문에서 일반동사는 원형(get)으로 표기함.

내가 얻었어?	Did I get?
네가 얻었어?	Did you get?
우리가 얻었어?	Did we get?
그들이 얻었어?	Did they get?
그녀가 얻었어?	Did she get?
그가 얻었어?	Did he get?
그게 얻었어?	Did it get?

will get(얻다) **: 미래형**

(앞으로) 내가 얻을까?	Will I get?

(앞으로) 네가 얻을까?	Will you get?
(앞으로) 우리가 얻을까?	Will we get?
(앞으로) 그들이 얻을까?	Will they get?
(앞으로) 그녀가 얻을까?	Will she get?
(앞으로) 그가 얻을까?	Will he get?
(앞으로) 그게 얻을까?	Will it get?

getting(얻다) : 현재진행형

내가 얻고 있어?	Am I getting?
네가 얻고 있어?	Are you getting?
우리가 얻고 있어?	Are we getting?
그들이 얻고 있어?	Are they getting?
그녀가 얻고 있어?	Is she getting?
그가 얻고 있어?	Is he getting?
그게 얻고 있어?	Is it getting?

----

take(갖다) : 현재형

내가 가져?	Do I take?
네가 가져?	Do you take?
우리가 가져?	Do we take?
그들이 가져?	Do they take?

그녀가 가져?	Does she take?
그가 가져?	Does he take?
그게 가져?	Does it take?

took(갖다) : **과거형** * 의문문에서 일반동사는 원형(take)으로 표기함.

내가 가졌어?	Did I take?
네가 가졌어?	Did you take?
우리가 가졌어?	Did we take?
그들이 가졌어?	Did they take?
그녀가 가졌어?	Did she take?
그가 가졌어?	Did he take?
그게 가졌어?	Did it take?

will take(갖다) : **미래형**

(앞으로) 내가 가질까?	Will I take?
(앞으로) 네가 가질래?	Will you take?
(앞으로) 우리가 가질까?	Will we take?
(앞으로) 그들이 가질까?	Will they take?
(앞으로) 그녀가 가질까?	Will she take?
(앞으로) 그가 가질까?	Will he take?
(앞으로) 그게 가질까?	Will it take?

taking(갖다) **: 현재진행형**

내가 가져가고 있어?	Am I taking?
네가 가져가고 있어?	Are you taking?
우리가 가져가고 있어?	Are we taking?
그들이 가져가고 있어?	Are they taking?
그녀가 가져가고 있어?	Is she taking?
그가 가져가고 있어?	Is he taking?
그게 가져가고 있어?	Is it taking?

----

give(주다) **: 현재형**

내가 줘?	Do I give?
네가 줘?	Do you give?
우리가 줘?	Do we give?
그들이 줘?	Do they give?
그녀가 줘?	Does she give?
그가 줘?	Does he give?
그게 줘?	Does it give?

gave(주다) **: 과거형** * 의문문에서 일반동사는 원형(give)으로 표기함.

내가 줬어?	Did I give?
네가 줬어?	Did you give?

우리가 줬어?	Did we give?
그들이 줬어?	Did they give?
그녀가 줬어?	Did she give?
그가 줬어?	Did he give?
그게 줬어?	Did it give?

will give(주다) : 미래형

(앞으로) 내가 줄까?	Will I give?
(앞으로) 네가 줄래?	Will you give?
(앞으로) 우리가 줄까?	Will we give?
(앞으로) 그들이 줄까?	Will they give?
(앞으로) 그녀가 줄까?	Will she give?
(앞으로) 그가 줄까?	Will he give?
(앞으로) 그게 줄까?	Will it give?

giving(주다) : 현재진행형

내가 주고 있어?	Am I giving?
네가 주고 있어?	Are you giving?
우리가 주고 있어?	Are we giving?
그들이 주고 있어?	Are they giving?
그녀가 주고 있어?	Is she giving?

| 그가 주고 있어? | Is he giving? |
| 그게 주고 있어? | Is it giving? |

----

have(가지다) : 현재형

내가 가져?	Do I have?
네가 가져?	Do you have?
우리가 가져?	Do we have?
그들이 가져?	Do they have?
그녀가 가져?	Does she have?
그가 가져?	Does he have?
그게 가져?	Does it have?

had(가지다) : 과거형 * 의문문에서 일반동사는 원형(have)으로 표기함.

내가 가졌어?	Did I have?
네가 가졌어?	Did you have?
우리가 가졌어?	Did we have?
그들이 가졌어?	Did they have?
그녀가 가졌어?	Did she have?
그가 가졌어?	Did he have?
그게 가졌어?	Did it have?

will have(가지다) : 미래형

(앞으로) 내가 가질까?	Will I have?
(앞으로) 네가 가질래?	Will you have?
(앞으로) 우리가 가질까?	Will we have?
(앞으로) 그들이 가질까?	Will they have?
(앞으로) 그녀가 가질까?	Will she have?
(앞으로) 그가 가질까?	Will he have?
(앞으로) 그게 가질까?	Will it have?

having(가지다) : 현재진행형

내가 가지고 있어?	Am I having?
네가 가지고 있어?	Are you having?
우리가 가지고 있어?	Are we having?
그들이 가지고 있어?	Are they having?
그녀가 가지고 있어?	Is she having?
그가 가지고 있어?	Is he having?
그게 가지고 있어?	Is it having?

참고문헌 및 추천책

이화승, 《한번만 봐도 기억에 남는 테마별 영어회화&단어 2300》, 비타민북, 2012

Mr. Sun, 오유미, 《영어는 뻔한 패턴의 반복이다》, 씨앤톡, 2010

이지훈, 《그림으로 외우는 생생 영단어》, 그리고책, 2009

성기완, 《노팅힐》, 스크린영어사, 2006

이일범, 《제리 맥과이어》, 스크린영어사, 2012

이일범, 《악마는 프라다를 입는다》, 스크린영어사, 2006

마스터유진, 《사용빈도 1억 영어회화 표현》, 사람in, 2017

마스터유진, 《사용빈도 1억 영어실수 백신》, 사람in, 2017

Edwin T. Cornelius Jr., 《English 900 1》, (주)YBM, 2017

신명섭, 《프레지던트 영어명연설문 1》, 종합출판, 2006

신명섭, 《프레지던트 영어명연설문 2》, 종합출판, 2006

강홍식, 《프레지던트 영어명연설문 3》, 종합출판, 2006

윌리엄 A. 반스, 《영어 스피킹 기적의 영단어 100》, 로그인, 2012

Yasuo Matsumori, Takao Furuya 《영어로 배우는 과학 이야기》, 삼

지사, 2012

Lee Stark,《영어로 읽는 세계의 역사》, 삼지사, 2012

Yasuda Tadashi,《영어는 인도식으로 배워라》, 로그인, 2015

〈중앙일보〉, 웃음으로 미국을 압도한 여성, 진수테리, 2008년 3월 19일

　　(https://news.joins.com/article/3079714)

중앙경제평론사 Joongang Economy Publishing Co.
중앙생활사 | 중앙에듀북스 Joongang Life Publishing Co./Joongang Edubooks Publishing Co.

중앙경제평론사는 오늘보다 나은 내일을 창조한다는 신념 아래 설립된 경제 · 경영서 전문 출판사로서
성공을 꿈꾸는 직장인, 경영인에게 전문지식과 자기계발의 지혜를 주는 책을 발간하고 있습니다.

현장에서 바로 써먹는 비즈니스 영어 생존 대화법

초판 1쇄 인쇄 | 2020년 8월 20일
초판 1쇄 발행 | 2020년 8월 25일

지은이 | 이세훈(SaeHoon Lee)
펴낸이 | 최점옥(JeomOg Choi)
펴낸곳 | 중앙경제평론사(Joongang Economy Publishing Co.)

대　　표 | 김용주
책임편집 | 유라미
본문디자인 | 박근영

출력 | 한영문화사　종이 | 한솔PNS　인쇄 · 제본 | 한영문화사

잘못된 책은 구입한 서점에서 교환해드립니다.
가격은 표지 뒷면에 있습니다.

ISBN 978-89-6054-260-0(03320)

등록 | 1991년 4월 10일 제2-1153호
주소 | ⊕ 04590 서울시 중구 다산로20길 5(신당4동 340-128) 중앙빌딩
전화 | (02)2253-4463(代)　팩스 | (02)2253-7988
홈페이지 | www.japub.co.kr　블로그 | http://blog.naver.com/japub
페이스북 | https://www.facebook.com/japub.co.kr　이메일 | japub@naver.com

♣ 중앙경제평론사는 중앙생활사 · 중앙에듀북스와 자매회사입니다.

도서
주문　www.japub.co.kr

※ 이 도서의 국립중앙도서관 출판시도서목록(CIP)은 서지정보유통지원시스템 홈페이지(http://seoji.nl.go.kr)와
국가자료공동목록시스템(http://www.nl.go.kr/kolisnet)에서 이용하실 수 있습니다.(CIP제어번호:CIP2020030139)

중앙경제평론사에서는 여러분의 소중한 원고를 기다리고 있습니다. 원고 투고는 이메일을 이용해주세요.
최선을 다해 독자들에게 사랑받는 양서로 만들어드리겠습니다. **이메일 | japub@naver.com**